"十二五"普通高等教育车辆工程专业规划教材

Qiche Zaoxing
汽车造型

兰 巍 主 编
丁杨峰 范 烽 王冠宇 副主编
付黎明 王东晨 主 审

人民交通出版社

内 容 提 要

本书以设计原理及实用知识为出发点,紧扣汽车造型的实际设计开发过程,详细介绍了汽车造型相关的基础知识、发展历史、设计美学、设计流程以及具体的设计方法。本书结合大量最新的实际造型设计案例,从原理到技巧,全方位立体化地阐述了目前国内外汽车行业最新、最权威、最实用的汽车造型设计知识。

本书可供汽车车身专业教学使用,同时还适合汽车造型设计相关技术人员参考使用。

图书在版编目(CIP)数据

汽车造型 / 兰巍主编. —北京:人民交通出版社,2013.6
 ISBN 978-7-114-10547-0

Ⅰ. ①汽… Ⅱ. ①兰… Ⅲ. ①汽车—造型设计 Ⅳ. ①U462.2

中国版本图书馆 CIP 数据核字(2013)第 072196 号

书　　名:	汽车造型
著 作 者:	兰　巍
责任编辑:	夏　韡
出版发行:	人民交通出版社
地　　址:	(100011)北京市朝阳区安定门外馆斜街3号
网　　址:	http://www.ccpress.com.cn
销售电话:	(010)59757973
总 经 销:	人民交通出版社发行部
经　　销:	各地新华书店
印　　刷:	北京交通印务实业公司
开　　本:	787×1092　1/16
印　　张:	9.25
字　　数:	230 千
版　　次:	2013 年 6 月　第 1 版
印　　次:	2013 年 6 月　第 1 次印刷
书　　号:	ISBN 978-7-114-10547-0
定　　价:	36.00 元

(有印刷、装订质量问题的图书由本社负责调换)

"十二五"普通高等教育车辆工程专业规划教材

编委会名单

编委会主任

龚金科(湖南大学)

编委会副主任(按姓名拼音顺序)

陈　南(东南大学)	方锡邦(合肥工业大学)	过学迅(武汉理工大学)
刘晶郁(长安大学)	吴光强(同济大学)	于多年(吉林大学)

编委会委员(按姓名拼音顺序)

蔡红民(长安大学)	陈全世(清华大学)	陈　鑫(吉林大学)
杜爱民(同济大学)	冯崇毅(东南大学)	冯晋祥(山东交通学院)
郭应时(长安大学)	韩英淳(吉林大学)	何耀华(武汉理工大学)
胡　骅(武汉理工大学)	胡兴军(吉林大学)	黄韶炯(中国农业大学)
兰　巍(吉林大学)	宋　慧(武汉科技大学)	谭继锦(合肥工业大学)
王增才(山东大学)	阎　岩(青岛理工大学)	张德鹏(长安大学)
张志沛(长沙理工大学)	钟诗清(武汉理工大学)	周淑渊(泛亚汽车技术中心)

前言

国内汽车市场日趋成熟，尤其在 2008 年金融危机之后，市场迅速复苏，品牌之间的竞争白热化，汽车的造型设计无疑成为了消费者选择汽车时最重要的考虑因素之一。各大汽车厂以及研发机构纷纷将大量的资金投入汽车造型的研发，与此同时，对于设计师的迫切需求，也使高等院校对于年轻设计师的培养更为重视。

吉林大学汽车工程学院车身系是国内首家专业培养汽车造型设计师的专业院系，培养出的优秀设计师大量活跃在国内外的各大汽车生产厂、设计机构以及科研院校，并且有很多设计师已担任设计总监、主设计师等高级职位。

本书的主编兰巍副教授是吉林大学汽车工程学院的汽车造型专业教师，具有多年的汽车造型教学经验及车型开发的实际经验；编委会其他成员均是国内一线汽车造型设计师，具有丰富的国内外设计工作经历及经验。一汽-大众的主设计师丁杨峰、范烽和模型制作组长王冠宇担任本书的副主编。

全书共八章，第一章、第二章、第三章、第七章第二节由兰巍编写；第四章由丁杨峰编写；第五章由范烽编写；第六章由王冠宇编写；第七章第三节由一汽-大众色彩主设计师朱坤、卫艳平编写；第七章第一节由乔羽编写；第八章由一汽-大众 CAS 制作组长宋沛编写。

本书突破传统，以设计原理及实用知识为出发点，紧扣汽车造型的实际设计开发过程，详细介绍了汽车造型相关的基础知识、发展历史、设计美学、设计流程，以及具体的设计方法。本书参考了大量的国内外专业资料，并结合大量最新的实际造型设计案例，从原理到技巧，全方位立体化地阐述了目前国内外汽车行业最新、最权威、最实用的汽车造型设计知识。通过本书的学习，可以帮助学生迅速掌握汽车造型设计行业最前沿的知识，以及设计的基本原理和技巧，激发并引导学生的设计热情，为学生开启了汽车造型设计的大门。

本书由吉林大学付黎明教授、一汽-大众技术开发部王东晨部长担任主审，他们对本书的初稿进行了认真的审阅,并提出了宝贵的修改意见。本书在编写过程中也得到吉林大学于多年教授、桑涛教授、陈鑫副教授、付璐副教授及一汽-大众造型科张铭经理的大力支持和帮助。

限于编者水平,书中难免出现错误和不足,恳请广大读者批评指正,并希望广大读者能多提宝贵意见,以便我们有更多的补充和提升。

《汽车造型》编写组

2013 年 1 月

目 录

第一章　汽车造型概论 ………………………………………… 1
第一节　汽车的分类 ……………………………………………… 1
第二节　汽车造型的概念 ………………………………………… 7
第三节　汽车造型设计的要求 ………………………………… 18

第二章　汽车造型的发展 ……………………………………… 20
第一节　汽车车身形式的演变 ………………………………… 20
第二节　汽车车身造型风格的演变 …………………………… 23
第三节　汽车造型设计机构介绍 ……………………………… 28

第三章　汽车造型设计美学基础 ……………………………… 31
第一节　美学概论 ……………………………………………… 31
第二节　汽车造型中的美 ……………………………………… 31
第三节　形式美在汽车造型设计中的应用 …………………… 43

第四章　汽车造型设计流程 …………………………………… 51
第一节　汽车研发流程 ………………………………………… 51
第二节　汽车造型设计的工作内容 …………………………… 52
第三节　汽车造型设计团队的构成与职责 …………………… 54
第四节　汽车造型设计流程中的验收里程碑节点 …………… 56
第五节　汽车造型设计流程详解 ……………………………… 58

第五章　汽车造型二维设计 …………………………………… 67
第一节　二维设计的基本概念 ………………………………… 67
第二节　二维设计的创意方法 ………………………………… 67
第三节　二维设计的具体内容及方法 ………………………… 70

第四节　二维设计中的逻辑思维应用 ··· 77

第六章　汽车造型三维设计 ··· 85

第一节　汽车造型三维设计概述 ·· 85
第二节　CAD 数字模型 ·· 86
第三节　油泥模型的制作 ·· 92
第四节　逆向工程曲面 ··· 103
第五节　汽车三维设计的发展方向 ·· 105

第七章　汽车色彩与装饰设计 ·· 106

第一节　色彩的基本知识 ··· 106
第二节　汽车色彩认知分析 ·· 112
第三节　汽车的色彩与装饰设计 ··· 114

第八章　汽车造型展示 ··· 130

第一节　虚拟现实技术及其应用 ··· 130
第二节　虚拟现实技术在汽车造型设计中的应用 ······························ 130
第三节　汽车造型虚拟展示 ·· 131

参考文献 ··· 140

第一章 汽车造型概论

汽车是生活中最常见的交通工具,种类繁多、各具特色。本章将介绍一些汽车基础分类知识以及各种车型的造型特色。同时引入汽车造型的概念,并介绍部分常用的汽车造型词汇及术语,以及汽车造型设计的基本要求。

第一节 汽车的分类

一、按用途分类

汽车按用途可分为两大类:普通运输汽车及特殊用途汽车。

1. 普通运输汽车

普通运输汽车用于运输普通的人员及货物,在日常生活中较为常见,如轿车、客车、货车等。

轿车(Car):用于运输2~9人及随身物品。轿车人员的座位一般在两轴之间,形体比较完整,线条连贯流畅。轿车对外饰和内饰的造型要求都较高,如图1-1a)所示。

客车(Bus):用于运输9人以上的乘客及随身物品。客车一般为长方形车厢,大平面较多,具有重复的构件和线条,其表面比例和色彩划分很值得推敲。目前,客车造型的趋势是线条圆滑、顶盖减薄、立柱跨距加大、玻璃面积加大从而使动感加强,如图1-1b)所示。

货车(Truck):主要用于运输货物。货车主要的视觉重点在驾驶室,常见的有平头货车和长头货车。其后部各种形式的货箱亦应尽量与驾驶室的线条连贯协调,如图1-1c)所示。

a) Audi S8 2013

b) SCANIA-HIGER A90

c) SCANIA G580

图1-1 普通运输汽车

2. 特殊用途汽车

特殊用途汽车可分为专业作业车、竞赛汽车、娱乐汽车等。

专业作业车:车身经过改装后的普通运输汽车,用于特殊的作业场合,包括消防车、救护车、机场作业车、市政环卫车等。专业作业车通常具有很强的可识别性,有着显著的外观特征或者专用的色彩,如消防车具有醒目的红色,如图1-2a)所示。

竞赛汽车:用于竞赛的汽车,一般为轿车改装,或者专门为比赛进行单独研发。如勒芒赛车、F1方程式赛车、达喀尔拉力赛车等。竞赛汽车对于动力性和速度有着特别的要求,使得其在外观上也具有显著的特征,如F1方程式赛车宽大的尾翼,如图1-2b)所示。

娱乐汽车:主要用于娱乐休闲,如房车、高尔夫球车、卡丁车、沙滩车等,如图1-2c)所示。

a) 陕西重汽消防车　　　　　b) Audi R18 Le Mans　　　　　c) 高尔夫球车

图1-2　特殊用途汽车

二、按动力装置分类

随着石油资源的日渐枯竭以及科学技术的发展,汽车的动力来源也由原来的汽油、柴油变化成多种能源共存。

1. 内燃机汽车

内燃机汽车:通过发动机内的燃料燃烧提供动力的汽车,有汽油机汽车、柴油机汽车、天然气汽车等,依然是目前市场上主要的车型之一。内燃机汽车主要的外形特点就是在前脸或侧面有着宽大的进气口,以此来提供大量的空气与燃料燃烧并为发动机散热。

2. 电动汽车

电动汽车:通过电能为车的动力提供能源,并以电动机提供驱动力的汽车,主要有蓄电池式汽车、燃料电池式汽车以及混合动力汽车,这类车型的技术以及市场日趋成熟,是目前汽车主要的发展方向之一。电动汽车不需要大量的空气来燃烧,发热量也较小,所以通常进气口都会很小,甚至没有,如图1-3所示。

图1-3　电动汽车

[左:Toyota-iQ_EV(2013年);右:Audi-e-tron_Concept(2010年)]

3. 其他新能源汽车

除上述能源以外,还有很多其他方式能为汽车提供动力,如蒸汽、太阳能、核能等。目前,关于未来汽车能源的研究以太阳能居多,太阳能电池汽车最主要的造型特征是车身正上方表面会有一个较大的平缓曲面作为太阳能电池板,如图1-4所示。

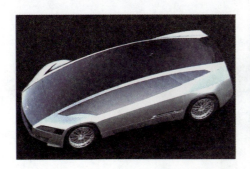 

图1-4 太阳能汽车

（左：Italdesign-Quaranta；右：Venturi-Eclectic）

三、轿车的分类

1. 按车身形式分类

轿车是日常生活中最常见的车型，按轿车的车身形式主要分为单厢车、两厢车和三厢车三大类。

单厢车主要指发动机安装空间、客厢、货箱形成一体的车身形式。

两厢车主要指发动机安装空间、客厢、货箱具有两个空间形态的车身形式。进一步细化，两厢车可分为旅行车（Touring Wagon）、紧凑型两厢汽车（Hatchback）、箱形客货两用车（VAN）、多用途运动型汽车（SUV）、皮卡（Pickup）五大类。

三厢车主要指发动机安装空间、客厢、货箱各自形成独立空间的车身形式。三厢车又可分为 5 门（两侧各两门，尾部一门）轿车（Sedan）、3 门（两侧各一门，尾部一门）轿跑车（Coupe）、敞篷轿跑车（Convertible）、硬顶跑车、敞篷跑车等。

2. 轿车的跨界车型

随着汽车的发展，消费者对于汽车功能的要求越来越多，要求一种类型的汽车具备多种特质。于是汽车车型的"混搭"开始盛行，各种衍生跨界车型应运而生（图1-5）。比如 Touring Wagon 与 Coupe 混搭后的运动型旅行车（Sporty Wagon）；Touring Wagon 与 SUV 混搭后的全路况汽车（ALL-Road）；Van 与 Sedan 混搭后的多用途汽车（MPV）；Hatchback 与 Coupe 混搭后的运动型短两厢汽车（Sportback）；SUV 与 Coupe 混搭后的 Cross SUV 等。

这些跨界车型兼具两种或更多车型的特点，给使用者带来了更多的乐趣以及驾乘体验，也使得汽车的种类日趋丰富。随着市场的完善和细化，各种新的跨界车型也会不断地被开发出来，消费者的选择也会越来越多。

3. 按车型级别分类

除了车身形式，轿车还可按照车型的大小、轴距或级别来分类。

国内轿车一般分为微型轿车、紧凑型轿车、中型轿车、中高级轿车、高级轿车。

国际上通行的分类方法为 A、B、C、D、E、F 级，数字越大，表示车型的级别越高、轴距越长。随着细分市场的完善，车型各级别之间又派生出更细化的级别，级别彼此间的界限也不是十分明确。例如 A 级车还可分类为 A00 级、A0 级和 A 级。

举例说明车型级别的区分（图1-6）：

（1）A 级车的轴距一般小于 2.5m。A00 级对应国内的微型级别，例如 Smart、VW-UP、

图1-5 轿车车型分类示意图

Suzuki-Alto；A0 级对应国内的紧凑型级别，例如 VW-Polo、Toyota-Yaris；A 级对应国内的中型级别，例如 Audi-A3、VW-Golf、Buick-Excelle。

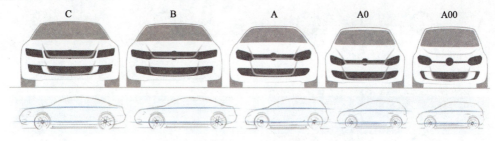

图 1-6　各级别车型特点的区分

（2）B 级对应国内的中高级级别，轴距一般为 2.5～2.6m，例如 Audi-A4、VW-Passat、Toyota-Camry。

（3）C 级对应国内的部分高级级别，轴距一般在 2.6～2.8m，例如 Audi-A6、BMW-5 Series。

（4）D 级对应国内的部分高级级别，轴距一般大于 2.8m，例如 Audi-A8、VW-Phaeton、BMW-7 Series。

（5）E 级对应国内的最高端级别，例如红旗阅兵车 HQE，Rolls-Royce-Phantom。

（6）F 级一般为赛车。

四、客车的分类

客车按照运载对象区分，可分为公交客车、旅游客车、校车、特种客车等。

按车身的结构形式可分为单车和列车。单车即由单个车厢构成的基本车型，长度一般小于等于 12m；列车的车厢一般分为前后两节，中间由铰接盘连接，列车长度一般小于等于 18m。单车按乘客定员数量分为大、中、小型客车。

客车按照其外观形式（图 1-7a）可分为长途运输客车、旅游观光客车、城市公交客车、双层观光客车（图 1-7b）、铰接式公交客车（图 1-7c）、轻型客车等。

五、货车的分类

货车，也称卡车，主要用于运送货品。可按照车重分为微型货车、轻型货车、中型货车和重型货车四类。四种车型在尺寸和造型上有较为明显的差异，如图 1-8 所示。

货车按照驾驶室的布置形式可分为平头货车和长头货车，如图 1-9 所示。平头货车（cabin over engine，COE），即发动机位于驾驶室的正下方，驾驶室位置较高、视野良好、空间利用率高、驾驶室正面造型较灵活，但造型稳定感不及长头货车；长头货车（cabin behind engine，CBE），即发动机在驾驶室的前方，驾驶室高度相对低、发动机维修方便、造型具有稳定感、改装空间大、但空间利用率较差。

目前市场上，微型货车、轻型货车、中型货车多为平头货车，欧洲和亚洲市场上的主流重型货车基本上也都是平头货车，而北美市场的重型货车则多为长头货车。

六、练习题

将图 1-10 中的各车型按车身形式进行分类。

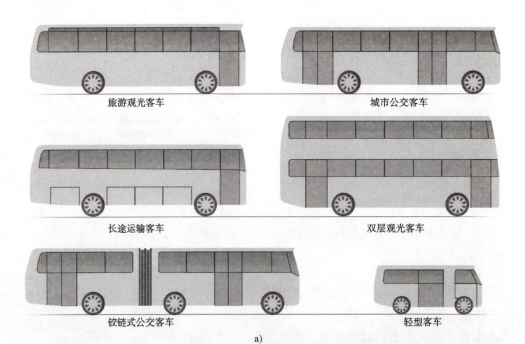

a)

b) London bus

c) Mercedes Benz Capacity

图1-7　客车分类示意图

a) 哈飞中意微型货车　　b) 金杯领骐轻型货车　　c) 庆铃700P中型货车　　d) 重汽HOWO-A7重型货车

图1-8　货车分类（按车重）示意图

平头货车驾驶室　　　　　　　　　长头货车驾驶室

图1-9　两种货车驾驶室的布置形式

第一章 汽车造型概论

图 1-10

第二节 汽车造型的概念

一、汽车造型设计的定义

汽车造型也叫车身造型,是指汽车的外饰、内饰、灰区所传达出的直观视觉信息,这些信息包括形态、尺寸、比例、色彩、纹理、材质以及这些视觉元素的动态效果。对汽车造型进行设计研发的过程,称之为汽车造型设计。汽车造型设计是汽车设计的先行环节之一,也是汽车研发的重要组成部分。在汽车总布置和车身总布置设计完成后,汽车的尺寸和基本形体就可以确定,接着要进行汽车造型设计。汽车造型设计是在基本形体的基础上构造曲线、曲面、色彩和装饰件等,也就是赋予汽车具体形象。

汽车造型设计属于工业设计的范畴。相比其他工业产品,汽车更为庞大,更精密复杂,所涉及的学科领域更多更广,设计的周期也更漫长。与其他产品设计一样,汽车造型设计的最终目的是以人为本。通过对汽车的造型进行设计,将汽车的品质特点、使用功能、操作体

7

验等以直观的视觉形式直接体现给用户;或者通过视觉的引导,使用户产生相应的联想,例如,流畅有张力的车身曲线能使用户联想到速度,火红鲜艳的色彩能让用户产生出激情。

二、汽车造型的分类

汽车造型按照区域及可视范围分为外饰造型、内饰造型、灰区造型、附件造型四个部分,也可简称为外饰、内饰、灰区、附件。

1. 外饰造型

简单的说,汽车外饰造型就是汽车外观装饰覆盖件,即一辆完整的汽车在关闭所有车门及盖板的情况下,能直观看到的所有部件,如图 1-11 所示。

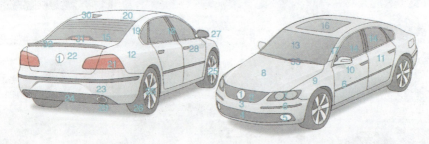

图 1-11　汽车外饰造型

1-车标(Badge);2-上散热器上格栅(Upper Grill);3-前保险杠(Front Bumper);4-下进气格栅(Lower Grill);5-雾灯(Fog Lamp);6-防擦条(Rub Strip);7-前照灯(Head Lamp);8-发动机舱盖(Hood);9-翼子板(Fender);10-侧前门(Front Door);11-侧后门(Rear Door);12-侧围(Side Panel);13-前车窗(Front Window);14-侧车窗(Side Window);15-后车窗(Rear Window);16-天窗(Roof Scuttle);17-A柱(A-Pillar);18-B柱(B-Pillar);19-C柱(C-Pillar);20-顶棚(Roof);21-尾灯(Taillight);22-行李舱盖(Trunk Lid);23-后保险杠(Rear Bumper);24-导流板(Diffuser);25-轮辋(Wheel);26-轮胎(Tire);27-外后视镜(Rearview mirror);28-门把手(Door Handle);29-排气尾管(Exhaust Pipe);30-天线(Antenna);31-高位制动灯(high brake light);32-尾翼(Spolier);33-刮水器(Wiper)

1)外饰主体

传统意义上的外饰件分为发动机舱盖、前保险杠、后保险杠、前照灯、后尾灯、上格栅、下格栅(可与前保险杠为一体)、翼子板、侧围、侧门、后门、顶盖、前车窗、侧车窗、后车窗、天窗、后视镜、轮辋等。

2)外饰细节

除去大的总成以外,外饰还有很多细节,如车标、字标、防擦条、装饰条、盖板、轮胎、天线、侧转向灯(非与后视镜集成)、前雾灯(非国标,可无)、雾灯格栅、行李架、扰流板、尾翼、后雾灯(非与尾灯集成)、反射片(非与尾灯集成)等。

3)车灯造型

车灯犹如人的双眼,是外饰造型设计中的点睛之笔,也是在夜间唯一的可视觉识别的造型元素,对于整车的造型极为重要。车灯的内部功能很多,所以构造也极为复杂,加之其造型的重要性,通常都会单独进行设计。

(1)前照灯造型。前照灯内部有衬框、近光灯、远光灯、行驶灯、转向灯等以及其他装饰框,如图 1-12 所示。

行驶灯也叫日行灯、行车灯,随车辆的点火而一起点亮,并在车辆正常行驶时一直点亮的灯,便于其他道路使用者识别。行驶灯可与近光灯集成,在较高端的车上会独立出来,多为 LED 灯组或光导灯带组成,行驶灯是车辆外饰最具识别性的特征之一,因此行驶灯的图案对于外饰造型至关重要。

图 1-12　前照灯造型(Audi -Q5)及夜间效果

远、近光灯主要用于夜间照明,两者区分在于光照的角度和强度不一样。远光灯光照强度较强,照射角度较高,便于照亮远方的路况;近光灯的光照强度相对较弱,照射的角度偏低,照亮路面的距离也相对较近。当光源采用氙气灯时,由于光源角度可调节,远、近光灯可以共用。

转向灯顾名思义在转向时使用,转向灯闪烁时,翼子板或后视镜上的侧转向灯也会跟随闪烁。转向灯表面可以是黄色或者透明白色,但必须确保闪烁时发出橙色的灯光。

车身前端除前照灯外也可选装前雾灯,前雾灯通常安装在下格栅的两侧。雾灯的光源穿透力较强,在能见度较低的情况下能有效地提升可视距离。

根据光源的不同,前照灯可分为卤素前照灯、氙气前照灯和全 LED 前照灯(图 1-13)。卤素大灯在汽车上的使用很广泛,但由于配光和散热的需要,会占用较大的空间;氙气前照灯相对占用空间较小,容易布置,且亮度较高,更能吸引消费者,但由于价格较卤素大灯高很多,一般在中高档或高配置车型上使用较多;全 LED 前照灯是指所有的光源均由 LED 组成,LED 光源对空间布置的要求很低,更便于设计师和工程师布置,视觉效果也更出色,但由于技术和成本的因素,目前还只在概念车以及小部分量产车型上使用,随着科技发展,全 LED 灯也会很快普及。

a) 卤素前照灯(Ford-Fiesta)　　b) 氙气前照灯(Ford-Mondeo)　　c) 全LED前照灯(Audi-A8)

图 1-13　前照灯分类

(2)后尾灯造型。后尾灯内部有衬框、行驶灯、转向灯、制动灯、倒车灯、雾灯、反射片以及其他装饰框,如图 1-14 所示。

尾部行驶灯与前灯行驶灯的作用类似,也是汽车外饰造型中能让用户记住的标志性造型特征。

转向灯也与前转向灯作用一致,起到转向提醒的作用,点亮时前后一起闪烁。

制动灯是指在制动时亮起的灯,通常的做法是多增加一个灯组,或者在行驶灯原亮度的基础上进一步提亮,起到提醒作用。

图 1-14　尾灯造型（Audi-Q5）及夜间效果

倒车灯是指车辆在倒车时亮起的灯，为了帮助驾驶员更清楚掌握车后部的状况，倒车灯的亮度通常会很高。

后雾灯是国家法规强制要求安装件，用于在能见度较差时提醒后方车辆注意，亮度很强。

反射片本身不是光源，但具备较强反射功能，主要用于夜间示意位置及提醒其他车辆注意。

后尾灯主要功能为提醒而非照明，对光照强度的要求较低，因此在灯的布置上较为灵活，LED 光源的运用也更广泛。

2. 内饰造型

汽车内饰造型就是汽车内部装饰覆盖件，按功能区域划分可分为主控区、副驾驶区、中控台区、座椅及门板区、顶棚及柱护板区。

1）内饰主体

传统意义上的内饰件分为仪表板、仪表、转向盘、出风口、收音机、空调、前照灯控制单元、门内开门手柄、玻璃升降器开关、内后视镜、副仪表板、换挡手柄、驻车制动器手柄、中央扶手、座椅、立柱护板、地毯、顶棚、室内灯、衣帽架、行李舱护面，如图 1-15 所示。

2）汽车仪表造型

汽车是一整套极其复杂且精密的机械系统，驾驶者也需要能随时掌握这套系统的运转状态，汽车仪表是内饰主要的视觉信息输出系统，用于显示车辆各种静态和动态的信息。仪表显示的内容主要包括：发动机转速、车辆行驶速度、油箱剩余油量、冷却液温度、转向指示等必要的车辆动态信息；里程数、挡位、车外温度、当前时间、油耗、收音机、导航等驾驶辅助信息；车辆故障警报、胎压警报、安全带警报、车门打开警报、油量警报等车辆状态报警提示信息。

汽车仪表分为机械式仪表和电子仪表两种。

机械式仪表通过传统机械方式来驱动指针旋转到相应的刻度，显示车辆动态信息，通常会搭配一个辅助的液晶屏幕来显示驾驶辅助信息。车辆状态报警提示隐藏在两个主要仪表盘中（发动机转速表、车辆行驶速度表），在需要报警提醒时才会显示，如图 1-16 所示。

随着电子行业飞速发展，技术的成熟以及成本的降低，电子仪表越来越多被引进汽车内饰。与机械式仪表不同：电子仪表取消了复杂的机械结构，用整块液晶显示屏取而代之，设计相对自由；在色彩、效果、动画显示以及信息量上会比传统机械式仪表更加生动丰富；科技感也会大大提升；不过，发动机转速表、车辆行驶速度表依旧是屏幕上最重要的主角，如图 1-17 所示。

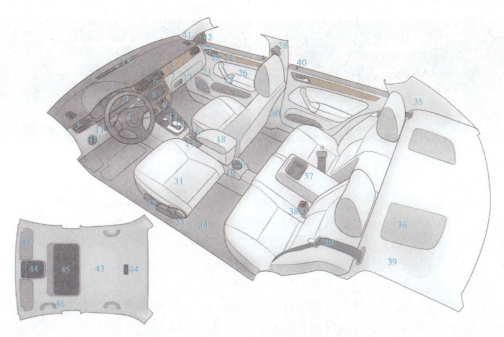

图 1-15　汽车内饰造型

1-仪表板上体(Upper dashboard);2-装饰条(Trim panel);3-仪表(Instrument);4-转向盘(Steering wheel);5-出风口(Air vent);6-三角警示符(Warning triangle);7-仪表板下体(Lower dashboard);8-收音机(Radio);9-空调面板(Air condition);10-前照灯旋钮(Lamp Switch);11-转向盘拨杆(Steering wheel lever);12-手套箱(Glove box);13-换挡手柄(Gear shift);14-换挡盖板(Gear shift cover);15-除雾器(Defogger);16-杂物盒(Storage box);17-驻车制动(Handbrake);18-中扶手(Armrest);19-副仪表板(Centre console);20-杯架(Cup holder);21-门护板(Door panel);22-玻璃升降器开关(Switch);23-门内开手柄(Door release handle);24-门板装饰条(Door decoration);25-门护板把手(Pull handle);26-门户板插件(Door insert);27-门护板扬声器(Speaker);28-B柱上护板(B pillar panel);29-安全带(Seat Belt);30-B柱下护板(B pillar lower);31-座椅(Seat);32-座椅调节拉杆(Seat console);33-座椅调节旋钮(Seat console button);34-地毯(Carpet);35-C柱护板(C pillar panel);36-衣帽架扬声器盖板(Parcel shelf speaker grille);37-后排扶手(Rear armrest);38-安全带卡槽(Seat belt stocker);39-衣帽架(Parcel shelf);40-门护板开启提钮(Door control switch);41-A柱护板(A pillar panel);42-前扬声器盖板(Front speaker grille);43-顶棚(Roof);44-顶棚室内灯(Roof console);45-天窗护板(Sunroof);46-顶棚拉手(Roof handle);47-遮阳板(Sun visor)

图 1-16　传统机械式汽车仪表

(左:Audi-R8,右:VW-Golf)

　　机械式仪表可以营造出立体纵深的效果,并且机械感十足,适合体现汽车强悍的动力性能;电子仪表因为其突出的科技感、灵活性和具有亲和力的界面,则多被使用在混合动力汽车、电动汽车以及部分小排量的车型上。有时为了追求传统机械式仪表的机械美感,也会将电子仪表界面设计成机械式的造型,两种仪表造型的混搭设计也会是未来的一个趋势。

图 1-17　电子仪表（Audi-Q3_Concept）

3）座椅设计

座椅在内饰中占有很大的比重，所以座椅造型至关重要，直接影响内饰的整体感觉。座椅由内部骨架、调节机构、泡沫、蒙皮几部分组成。传统的汽车座椅从外观上分为三部分，即头枕、靠背、坐垫，如图 1-18 所示。外表面蒙皮的材料有织物面料、真皮和人造革 3 种，其中蒙皮一般划分为两个大区域：座椅主料区与座椅辅料区。

根据座椅的造型及舒适度，可分为舒适型座椅和运动型座椅。舒适型座椅泡沫较软，座椅表面相对平坦，乘客在座椅上的活动自由度相对较大，乘坐更舒服；运动型座椅泡沫较硬，座椅靠背和坐垫两侧隆起，对乘客身体包覆更紧密，活动范围小，舒适型较低。很多运动座椅的头枕与靠背为一体组成，如图 1-19 所示。

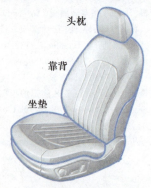  

图 1-18　座椅的外型　　　图 1-19　舒适型座椅（左）及运动型座椅（右）

此外，高档、豪华车的前排座椅靠背一般还会设有一些附件，便于后排乘客使用，如娱乐系统、小桌板、水杯架、置物栏等，如图 1-20 所示。

图 1-20　BMW-750Li 座椅后部的附件设施

3. 灰区造型

灰区造型是指车辆在正常使用的情况下,由于部件被遮挡、观察视角限制以及颜色差异等因素造成的,不易被观察到的造型区域。灰区包括打开部分盖板后才能观察到的造型区域;通过非常规视角才能观察到的区域;以及通常观察时容易忽略掉的造型区域。例如发动机舱内(图 1-21a)、行李舱内区域(图 1-21b)、发动机舱盖内隔热毛毡、打开车门才能看到的车门内板和外板之间的钣金、打开油箱盖板才能看到的内部区域、刮水器及盖板、弯下腰才能看到的后牌照板灯、后车窗加热电阻丝、手套箱和杂物箱内部等。

a)发动机舱　　　　　　　　　　b)后行李舱

图 1-21　设计精美的发动机舱及后行李舱(Audi-Q3)

灰区最主要的特点就是不易被观察到,因此容易被忽略掉。即使用户在多数时间不会察觉到,但一款完美的造型设计也不应该放过每个细节,尤其在市场竞争越来越激烈的情形下,只有高品质的精品才能最终赢得认可,所以汽车灰区造型的设计一样不可忽视。

4. 附件造型

除了车辆本身,附件的设计也能为汽车品质增色不少,例如车钥匙、字标、门槛条等,如图 1-22 所示。目前大多高档车的生产厂家会围绕汽车来设计一些生活娱乐用品,这也会给用户在开车和出游时提供更多的便利及乐趣,例如配套的雨伞、手电、箱包、衣帽、高尔夫球装备等。

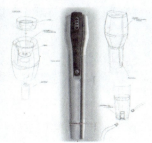

a) Audi-Quatto字标　　　　b) Audi手电　　　　c) Bentley车钥匙

图 1-22　附件造型

三、汽车造型术语

1. 常见尺寸术语

汽车造型常见尺寸术语如图 1-23 所示。

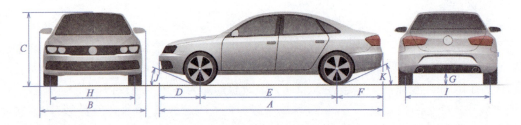

图 1-23 汽车造型常见尺寸术语

A-总长(Total Length);B-总宽(Total Width);C-空载高度(Unladen Hight);D-前悬(Front Overhang);E-轴距(Wheel-base);F-后悬(Rear Overhang);G-离地间隙(Ground Clearance);H-前轮距(Front Wheel Track);I-后轮距(Rear wheel Track);J-接近角(Approach Angle);K-离去角(Departure Angle)

2. 常见特征术语

汽车造型常见特征术语分为特征线术语和其他特征术语,如图 1-24 所示。

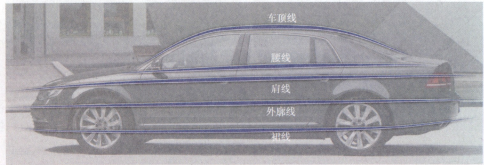

a)特征线术语

b)其他造型特征术语

图 1-24 汽车造型常见特征术语

1)特征线术语

汽车造型的线条主要分为特征线和分缝线。

特征线(Character Line/Bone Line),泛指汽车内外饰造型中,所有由不同曲面相交而形成的棱线。这些棱线如同骨架一样,支撑着整个车身曲面,构成了整车造型最重要的信息。如图 1-25 所示,概念车 GINA Light Visionary 就将特征线发挥到了极致,该车型采用一种全新的织物材料来取代传统的内外饰车身表面蒙皮,通过内部骨架支撑整个车身曲面,并构成了整车所有的特征线。

分缝线(Shut Line),是指车身不同部件之间的缝隙。分缝线的视觉可识别性很强,所以通常会把分缝线与车身表面的特征棱线结合起来,平行或者重合,如图1-26所示。

图1-25　BMW-GINA Light Visionary_Concept

图1-26　Audi-A8(2011年)、Ford-Focus(2013年)的分缝线

汽车造型的特征线主要有车顶线、腰线、肩线、外廓线、裙线。如图1-24a)所示。

(1)车顶线(Roof Line),指侧视图上座舱顶部的线条。

(2)腰线(Beltline),位于车窗的正下方,是车窗与车身的分界线[见图1-24a)及图1-27]。因为车窗与车身的颜色区分很明显,所以腰线的视觉识别性很强,也被视为车身上部和下部的分界线:上部是以玻璃构成为主的座舱,下部是车身主色的长车体。腰线的高低位置、倾斜角度不仅会影响汽车外饰的外观和比例,也会影响车型的形象和档次:位置偏低、角度平缓的腰线会使车身的视觉效果更精致、柔和、典雅;而较高的腰线则可使车身更硬朗、强壮;倾斜上升的腰线可使车身呈现楔形,更具动感。

图1-27　清晰连贯的腰线(Skoda-Fabia Scout)

(3)肩线(Shoulder Line),位于腰线下部,车门外板中上部,一般处在整车侧面的中部(国内部分厂家也将肩线称为腰线),从前视角观察,肩线位于侧窗以下视觉最宽的位置,如

同人的肩部,故称为肩线;而腰线与肩线之间的部分被称为"车肩"(Shoulder)。肩线一般为一条完整的弧线或是由两条相错的曲线构成;肩线从前灯到尾灯,贯穿整个车身侧面,是车身外饰造型中长度最长、最重要的特征线;在曲面的构成上,肩线将外饰表面分为上部和下部。与腰线一样,肩线也是决定车身外饰造型风格最重要的特征线之一:高档、优雅的豪华车,如 Rolls-Royce 的车型,肩线通常是水平、甚至下坠,如同奢华的游艇一般,尽显稳重从容;时尚动感的汽车,如 Ford-Fiesta,肩线通常会上扬,显示出积极进取、灵动活力,如图 1-28 所示。

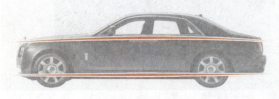 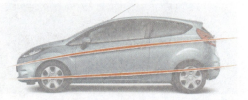

图 1-28　Rolls-Royce-Ghost(2010 年)、Ford-Fiesta(2009 年)的肩线与裙线

(4)裙线(Skirt Line),裙线位于车身侧面偏下的位置,一般在车门下缝线的上部,是车身最下部的特征线。裙线与肩线构成了车身侧面最主要的特征线组,奠定了车身的姿态以及比例。

(5)外廓线(Body Wide Line),是指车身外饰水平方向最靠外的轮廓线,也就是保险杠上最突出的部分以及侧面最宽处。由于这些位置最突出,容易被刮蹭,一般会在外廓线上加一圈塑料(图 1-29 中的 Golf Ⅱ)或是橡胶防擦条(图 1-29 中的 Golf Ⅴ)以保护车身,因此防擦条也可以被视为外廓线。

图 1-29　VW-Golf Ⅱ(左)及 Golf Ⅴ(右)的外廓线

2)其他造型特征术语

(1)座舱(Green House),指从前窗下延到后窗下延的驾驶舱部分,包含前车窗,侧车窗,后车窗,A、B、C 柱,顶盖,如图 1-24b)所示。

(2)轮眉(Wheelarch),轮眉是指车身包围住轮胎的一圈曲线,如图 1-24b)所示,在空载的情况下,轮眉与轮胎的间距是均匀的。轮眉上部的曲面称为"轮包"或"轮拱",一般为饱满的曲面,并且突出于车身侧表面,是最能凸显侧面力量感的造型元素,是侧面的重点设计区域之一,如图 1-30 所示。

(3)前、后窗眉(Front/Rear Header),前、后窗眉是指前、后车窗的上边缘,如图 1-24b)所示。

(4)车身断面(Body Section),指车身表面沿垂直方向的断面。这些断面控制着车身曲面的走势,或平缓舒展或弹性紧绷。车身最重要的断面是 Y0 断面,将车身分为左右两半,控制着整车的姿态、比例以及总体布置;车身侧面主要的断面有 3 个,分别为通过前轮中心的前轮包断面、B 柱左右的车门断面、通过后轮中心的后轮包断面。在二维设计阶段,设计师可以通过绘制车身断面线来探讨曲面造型,如图 1-31a)所示;在油泥模型制作阶段,模型师可以通过在断面处贴上黑色胶带,进行断面设计、曲面观察及曲面检查,如图 1-31b)所示。

图 1-30　VW-Golf(2013 年)、BMW-5-Series 的轮眉

a)二维设计时绘制车身断面线

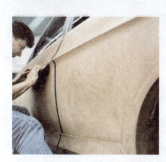

b)油泥模型制作时在断面处贴上黑色胶带

图 1-31　车身主要断面示意图

(5)量产车(Product Car),是将会用于批量生产制造,面向社会公开发行的车辆。量产车必须经过精密的工程设计,通过复杂试验和实验,满足国家相关法规要求。

(6)概念车(Concept Car),与量产车相对应,是在相关方面提出新设想的汽车。概念车的用途在于对未来造型或技术及功用的探索,一般不会量产;但概念车的最终目的是为量产车做准备,对市场反应投石问路,如图 1-32 所示。

图 1-32　VW-Up 概念车(左)及量产车(右)

第三节 汽车造型设计的要求

汽车造型设计的过程就是综合运用各种学科知识,实现汽车实用、经济、美观的过程,在这个过程中要使汽车尽量体现其物质功能和精神功能,充分满足人们对其在实用和审美两方面的需求。所以汽车造型设计须具备:功能性要求、审美性要求、经济性要求、创新性要求、标准化要求。

1. 功能性要求

(1) 物理功能。保证汽车的性能、构造、精度和可靠性等是汽车造型设计的基础。汽车车身由上万个零部件组成,在设计时,应充分考虑这些零部件的性能、结构、工艺以及相互之间的配合;保证汽车具有良好的空气动力性能、安全性能、适用性能等;实现结构、材料等的重新设计或优化设计。否则多么美观的造型,都会变成纸上谈兵。

(2) 生理功能。应使汽车具备良好的使用方便性、安全性、宜人化等人机适用性。一辆造型完美的汽车,不但要满足大众视觉审美的要求,还要适合人们去使用操作。汽车造型设计工作应针对汽车的使用环境,考虑人的行为习惯、生理结构、思维方式等因素,充分保证使用对象在生理和心理上的适应性。良好的人机适用性既能为驾驶者带来一种与道路亲密无间的感受,也能保证一个品牌拥有良好的口碑和稳定的用户群体。

(3) 心理功能。人们会使用汽车代步、休息、娱乐、办公、竞赛等,所以汽车的形体、色彩、肌理和装饰等要素应给人愉悦感,在设计时应综合考虑汽车的用途、使用环境、使用对象、汽车的安全行驶等因素,以满足人们的心理需求。

(4) 社会功能。经过庞大的汽车市场和林林总总的汽车资讯熏陶后,人们的眼界开阔、鉴赏能力提高,汽车被赋予了更多的内容和涵义。汽车已经不再是一个单纯的机器,而是承载人们生活,彰显价值、兴趣、爱好、社会地位的载体。这种特定的环境要求汽车造型设计必须考虑汽车与人、时间和地点的关系,使汽车适应这些由人、物、时间、地点和社会诸多因素构成的使用环境的要求。

2. 审美性要求

汽车一直以来都肩负着代表国家科技、文化水平,反映时代特色和民族气质的任务。随着汽车相关技术不断发展,汽车逐渐成为把握流行、引领潮流的时尚先锋。这些都对汽车的艺术形象提出了更高的要求:汽车的外形要符合美学规律,具有较强的视觉感染力,不但要符合公众的审美情趣,还要融合于外界环境之中;汽车的内饰则应更加追求科技美感和舒适感,不但要使其与外形更加匹配、整体统一,更要使其满足人的生理、心理对美的需求,让乘坐者感受到愉快和美好。

3. 经济性要求

汽车是供多数人使用的批量产品,汽车造型设计需要从消费者和生产者双方利益出发,尽量降低产品成本、提高产品价值,以满足整个社会的需求。目前,中国汽车消费者由早期高收入群体开始向全社会普及,2009年工信部等七部委更是颁布了"汽车下乡"政策,汽车作为奢侈品开始逐渐转变成必需品,汽车市场也正在由一线城市向二、三线城市以及农村拓展,人们对于汽车经济性的要求也在不断提高。

4. 创新性要求

创新是设计的内涵。在现代高科技、快节奏的市场经济条件下,汽车产品更新换代的周期日益缩短,新车型、新造型、新材料不断涌现。在国内外各大车展上,汽车生产厂家总是乐此不疲地推出新的概念车,厂家通过概念车展示本公司的最新设计理念或工程技术,以突出独创性;即便是市场成熟的量产车,也会尽量作出改进,毫无新意的车型必将被市场淘汰。

5. 标准化要求

汽车造型设计是各领域知识综合利用的过程,而其中每一领域都有其相应的行业设计标准和法规,无论是汽车外形还是内饰设计上都要满足相应的标准法规。由于世界各国环境、社会、工业实际情况不同,所以各国的法规标准不同;而不同种类、不同级别的车型之间法规标准也不同;而车型之间的组合以及新能源车型的出现,也会随之产生新的法规标准。而造型设计工作同时也是利用这些法规标准来保证汽车造型更加标准化、规范化。

第二章　汽车造型的发展

汽车自诞生以来,其结构、功能、形式、造型一直在不断发展完善。随着汽车技术的日益成熟、消费者生活方式的改变,汽车还陆续产生了很多新的车身形式。本章将重点介绍从汽车诞生开始,车身形式和造型风格的演变,以及目前世界上著名的汽车造型设计机构。

第一节　汽车车身形式的演变

车者,两横谓之轴,中位为座,驭者横其中,竖者为辙(图2-1)。中国是世界上最早使用车的国家之一,据史料记载,在黄帝时期就有了专门制作车的家族。在此后的4000年的时间里,车作为主要的交通工具,一直在不断的发展和完善。

在汽车诞生以前,马车是人们最主要的交通工具。到了17世纪的欧洲,蒸汽机的发明给传统车的动力带来了新选项,蒸汽机车开始出现,并逐步取代马车。在1769年,法国炮兵工程师尼古拉斯·库诺(Nikolas Cugnot)将蒸汽机放置在板车上,制成了前轮驱动的蒸汽三轮车,此车在公路上行驶了15min,这就是汽车历史上第一辆机械动力车——库诺车(图2-2)。

图2-1　小篆"车"字及古代的马车图案

图2-2　库诺蒸汽板车

一、马车型车身

真正意义上的汽车始于1886年,由汽车工业之父——德国人卡尔·本茨(Kart Benz)研制成功,他将缩小后的发动机直接放在马车乘客座位下,取代马作为驱动力(图2-3),而其他零部件则沿用马车的车身、车轮、钢板弹簧、制动器等,形成了最早的车身形式——马车型车身。自第一辆汽车诞生以来,汽车设计已经走过了120多年。

图2-3　卡尔·本茨和第一辆汽车

二、厢型车身

由于马车型车身的乘坐舒适性差、不能满足遮风挡雨这样的基本功能,人们将马车车身换成了一个有窗户的厢体,将发动机从座位下面移到车头,使汽车的形状变成车头和客厢两部分,形成了最早的厢式车身,这种车身造型和现在的客车有些相似,但是在形式上和马车型车身并无太大区别。厢型车身的诞生以1908年亨利·福特(Henry Ford)研制的福特T型车(图2-4)为标志,这款车最大的意义在于它在1913年开启了"汽车流水线生产的时代"。1908~1927年间,T型车共生产了1500.7万辆,是当时产量最大、销售最多、影响最大的车型。

图2-4 亨利·福特和T型车(1915年)

三、甲壳虫型车身

20世纪30~40年代,流线型车型开始风行,大曲线、大圆弧这个特点在汽车造型上也得到了充分的体现,1934年美国的克莱斯勒公司生产的气流牌小客车,首先采用了流线型的车身外形。

最著名的流线型当属德国大众的甲壳虫,而颇具喜剧色彩的是这个经典的诞生某种意义上还要归功于独裁者希特勒。1933年,当时作为德国元首的希特勒授意大众汽车公司的费迪南德·保时捷(F. Porsche,1875~1952)博士设计一种大众化的车型(图2-5)。长时间的观察让保时捷发现了甲壳虫的形状具有完美的空气动力性能,并将其运用到汽车造型中。甲壳虫型车身应运而生,并开创了汽车造型仿生学的先河。从1933年投产到2003年停产,甲壳虫创下全球销量2200万辆的神话,造就了一个时代永恒的经典。费迪南德·保时捷,这位为大众公司立下汗马功劳并在不久开创了保时捷汽车公司的传奇人物,也被评为20世纪最伟大的汽车设计师之一。

图2-5 费迪南德·保时捷和甲壳虫汽车

四、船型车身

20世纪40~50年代,汽车设计师们努力寻求一种突破,在包豪斯理念上发展起来的现代主义成为主流。福特汽车公司在 1949 年推出了新型 V8 小客车（图 2-6），看上去就像是一些简单几何体组合成的块状化船体形状，这款车开启了船型车流行的时代。船型车身最大的意义在于它宽敞的乘坐空间和底盘布置，它也是一直延续至今流行时间最长的一种车型。

图 2-6　Ford-V8 小客车（左）、Volvo-P122（1958 年）（右）

五、鱼型车身

鱼型车身把船型车身的后窗倾斜到极限，解决了船型车身在高速行驶时的尾部涡流，线条更流畅优美，空间也更为宽敞；但是大面积的玻璃造成了结构上的缺陷，横风稳定性不佳。鱼型车身的到来以 1952 年通用别克轿车的面世为标志，其代表车型还有 Alfa Romeo 系列和 1963 年 Citroen-DS19，如图 2-7 所示。

图 2-7　Alfa Romeo（左）及 Citroen-DS19（右）

六、楔型车身

一直以来汽车设计师和工程师们在努力寻找一种形体能有最佳的空气动力性能，他们发现楔形具有最完美的空气动力性能，而且楔形车身（图 2-8）也很好地吻合了当时的流行潮流。从 1963 年司蒂倍·阿本提设计的小客车开始，楔型车身一直流行至今。

图 2-8　Lamborghini-Countach（1974 年）（左）、Bugatti-EB110（1991 年）（右）

七、小结

如今汽车市场的成熟、工程技术的不断革新、用户个性化定制的需求、细分市场的不断拓展,促使各种新的车身形式层出不穷(图2-9),而不是仅限于流行某一种单独样式的车身。众多的汽车制造厂家也纷纷将目光投向了曾经的经典,将以前的优美车型再次拿出来,在保持部分原来特征的基础上重新设计,老瓶装新酒,颇有一番滋味。

a)BMW-328 Hommage_Concept

b)BMW-Mille Miglia Coupe_Concept

c)Renault-Alpine A 110-50_ Concept

图2-9 新的车身形式

第二节 汽车车身造型风格的演变

19世纪末汽车工程技术开始飞速的发展、革新,到20世纪初,汽车的基本构造已经发展成熟,汽车造型设计开始正式进入汽车开发流程中。美国通用汽车公司于1928年建立了汽车历史上第一个专业设计工作室——"通用汽车艺术和色彩部",由"美国汽车造型设计之父"哈利·厄尔(Harley Earl)主持。在此之前,厄尔一直在为好莱坞明星设计定制汽车。出自通用设计工作室的第一辆量产车是1927年的Cadillac-LaSalle,该车型也成为整个汽车工业史上具有里程碑意义的车型之一;除了LaSalle,厄尔还主持设计了著名的第一辆概念车Buick Y-Job,如图2-10所示。

图2-10 哈利·厄尔及他主持设计的Cadillac-LaSalle、Buick-Y-Job

一、经典主义

在第二次世界大战结束之前,几乎所有的车型都大同小异,彼此之间没有太多的区别。第二次世界大战结束后汽车的造型才真正意义上得到发展。当时的设计界分为两派,一派被称为"经典主义",延续了战前典雅高贵的风格,最明显的特征就是保留了侧挡泥板和竖条的格栅,这种风格在之后的半个世纪中有所改进。"经典主义"在以保守著称的英国尤其盛行,并逐渐发展成其特有的风格。著名的劳斯莱斯、摩根、宾利、捷豹等就是这一派别的典型代表(图2-11)。这种风格在进入20世纪90年代后又有了新的动向,很多复古的车型相继出现,如大众新甲壳虫,mini-ONE等。

图2-11 捷豹XK120(1951年)(左)及宾利MK(1947年)(右)

二、巴洛克主义

除"经典主义"之外,当时最为流行的还有"巴洛克主义"——一种极尽奢华的造型风格。它追求极致复杂的雕饰和华丽的线条,这种夸张的风格在当时追求炫耀、夸张、浮华的美国尤其盛行,最著名的"巴洛克主义"汽车是1959年Cadillac-Eldorado(图2-12),这款经典车型在美国曾风靡一时。

伴随"巴洛克主义"的出现,汽车造型又衍生出一种新的车型——"火箭车"。火箭车的出现和当时航天工业的兴起分不开,设计师从航天器上获得灵感,应用到车身造型中去。其中最著名的当属Alfa Romeo-1900 BAT(图2-13)。

图 2-12　Cadillac-Eldorado

图 2-13　Alfa Romeo-BAT（1955 年）

三、边锋主义

与"巴洛克主义"截然不同，20 世纪 60 年代，设计圈中流行一种刻意强调简洁有力的风格，它多采用单独的柱体、立方体、楔形等简单几何元素，这种风格被称为"边锋主义"或是"硬边艺术"（Hard Edge）。设计师摒弃一切不必要的装饰，汽车形体开始从复杂奢华变得简单而线条清晰，汽车造型时尚、新颖、动感、不易过时。这种风格一直延续至今，很多早期的"硬边风格"作品到今天依然魅力十足，如 Fiat-130 Berlina 和 Ford-Granada（图 2-14）。

图 2-14　Fiat-130 Berlina（左）及 Ford-Granada（右）

四、流线主义

此后流行起来的"流线主义"也追求极致简约的形体，与"边锋主义"的区别是：它的曲线柔和，面和面之间的转折、过渡都相对柔和，边角过渡很模糊，车身由曲面合围而成，相对比较完整，没有很明显的转折或者很突出的棱线。这种圆润、模糊的风格也被称为"有机主义"，如 Rover-P6 3500（图 2-15）。

五、楔形主义

各种不同风格的车型有时没有很明显的界限，楔型车身就是最典型的例子。"楔型主义"最明显的特征就是前低后高,极具运动感,这种风格很快被大家所认同,并从赛车扩展到轿车,一直影响后来的诸多车型。

图 2-15　Rover-P6 3500

"楔型主义"最具代表性的车型是 1974 年的兰博基尼 Countach(图 2-16)。当时克莱斯勒老板第一眼看到这款车便为之着迷了,以至于决定买下兰博基尼公司。这款富有激情的传奇跑车出自意大利著名设计公司博通(Bertone)的主设计师马赛罗·甘地尼(Marcello Gandini)之手,甘地尼是在设计师乔治亚罗(Qugetto Giugiaro)离开博通后接替其位置成为主设计师,并很快成为博通最宠爱的徒弟并被称为"跑车设计天才"。他为博通设计了多款经典跑车,为博通赢得了很好的声誉。

图 2-16　马赛罗·甘地尼和他的 Lamborghini-Countach

六、厢式边锋/流线主义

20 世纪 70 年代由于燃油危机的出现,很多的车型开始缩水,减小长宽尺寸,而通过增加车身高度来加大驾乘空间,"厢式边锋主义"开始流行。这期间的代表车型有 1974 年的高尔夫、雷诺 Espace、Dodge-omni 等,如图 2-17a) 所示。

a) Dodge-omni　　　　　b) Toyota-Previa(1990年)　　　　　c) Renault-14

图 2-17　厢式边锋/流线主义

20 世纪 80 年代末期"厢式流线主义"用柔和的曲面取代"厢式边锋主义"笨拙的方体成为主流。代表车型有雷诺 14、1983 年的福特雷鸟、1990 年丰田 Previa、1999 年福特金牛座旅行版,如图 2-17b)、c) 所示。

在进入 20 世纪 90 年代以后,"厢式流线主义"和"厢式边锋主义"继续完善发展,彼此相互融合,形成了"新厢式流线主义",这种风格的线条较为复杂,比传统的"流线主义"更有个性;比"边锋主义"更饱满,从而迅速成为了主流设计风格。这种车型最为著名的是经典的奥迪 TT。当奥迪 TT 于 1995 年在法兰克福车展亮相后立即成为了人们关注和争论的焦点,一年后这种风格立即成为各大厂商模仿的对象,奥迪 TT 也被评选为 20 世纪最伟大的工业造型之一,而奥迪造型室也从一个二流的设计部门一跃成为行业的引导者。这个变革要归功于前奥迪汽车集团的设计总监(现大众集团设计总监):华特·马里亚·德西瓦(Walter Maria de'Silva),如图 2-18 所示。

图 2-18　华特·马里亚·德西瓦和他的奥迪 TT

七、新锋锐主义

20 世纪 90 年代末期另一种新的设计思潮悄然兴起,并迅速蔓延,和"边锋主义"相似,它强调清晰的轮廓、明显而富于变化的线条、面与面之间剧烈的转折和面本身复杂的变化,不同的曲面相交、转折、倾斜,形成锋锐的交线和角度。这种风格称为"新锋锐"(New Edge)。"新锋锐"的流行在某种意义上也是 20 世纪 60 年代硬边艺术和包豪斯理性风格的回归。1996 年,福特推出的 Ford-Ka,和 Audi-TT 一样,人们对这一打破传统的风格褒贬不一,然而 Ka 只是这场新风格的开始;而 1999 年的凯迪拉克 Evoq 则用锐利笔挺的线条,多棱的块面把"新锋锐"诠释的淋漓尽致,如图 2-19 所示。

图 2-19　Cadillac-Evoq

在 21 世纪,发展到极致的"新锋锐"风格还衍生出一种"雕刻主义"。这一种极端的风格由宝马首席设计师克里斯·班格(Chris Bangle)提出,并于 1999 年将其诠释在 BMW-Z4 上(图 2-20),他希望汽车的线条像火焰或者是被刀斧砍凿出来的一般,锋利而充满力量;通过曲面的剧烈变化来体现车身上蕴藏的爆发力,反凹曲面是它主要的特点之一。雕刻主义的汽车看起来动感十足、精炼轻巧、充满爆发力。BMW-Z4 的问世,对于一向以沉稳保守造型为主的宝马公司无疑是一场"地震",尽管毁誉参半,但销量的大增还是说明了它的受欢迎程度,同时期或者以后的大多车型都或多或少的带有这种造型特点。

图 2-20　克里斯·班格和他的 BMW-Z4

纵观汽车造型风格的变迁演化，我们不难总结出：各种造型风格之间总是循环交替的。例如"古典主义"的复苏、"巴洛克主义"的反复、"流线主义"的不断复辟等，只是每次当一种风格复辟时，它都会带来一些最新、最流行的变化。

第三节　汽车造型设计机构介绍

汽车行业已经发展完善，各大汽车制造厂商都拥有自己独特的造型设计部门，除此之外，还有很多专门从事汽车造型设计开发的设计公司，经过几十年的积累和发展，这些公司已经形成从前期造型开发、模型制作、工程开发、样车试制、模具设计甚至小批量生产一条龙的业务链。或许是对艺术有着先天的环境优势，世界三大最著名的汽车设计公司均来自意大利，分别是：博通（Bertone）、宾尼法利纳（Pinifarina）、意大利设计（Italdesign），其商标如图 2-21 所示。

图 2-21　博通（左）、宾尼法利纳（中）、意大利设计（右）

一、博通

世界上最早的独立汽车设计公司，由德高望重的设计大师 Nucci Bertone（吕思奥·博通）创立。Nucci Bertone 早在 1910 年在车身工厂当学徒，1912 年成立意大利博通汽车设计公司，20 世纪 30 年代开始从事造型设计。Nucci Bertone 本人不仅是出色的设计师，更善于调动年轻设计师的积极性和创造性，是世界上唯一获得过"汽车设计终生成就奖"的设计大师；他一生培养出两位设计大师——Qugetto Giugiaro（乔治亚罗）和 Marcello Gandini（马赛罗·甘迪尼），这也是他备受世人瞩目的一个重要原因。

博通的设计以其鲜明的造型风格而著称，早期的作品线条硬朗、富有攻击性、具有强烈的科幻风格；近期的设计更为激进、更前卫、更具突破性，不同于意大利设计公司，如图 2-22 中所示的是博通近几年连续推出的及其前卫、极具特色的概念车；但博通公司的量产车业务相对较少，自从进入中国市场后，量产车的业务量也开始持续增长。

图 2-22　Nucci Bertone 及 Alfa Romeo Pandion-Concept（中）、Jaguar B99-Concept（右）

二、宾尼法利纳

宾尼法利纳简称宾法，由 Barttista Farina 于 1930 年创立的，以设计法拉利而闻名于世。与意大利设计的经营方式不同，宾尼法利纳一直以设计室的形式存在，并外聘职业经理人，担任领导层的家族成员并不参与企业过多的运转与项目的管理。

宾尼法利纳的强项是设计名贵跑车。跑车也是宾法主要的业务来源，虽然业务量不是很大、且相对量产数量较少，但是每一款设计都能站在潮流的最前沿，成为汽车造型的风向标，如图 2-23 所示。凭借超凡的设计水准，宾法在设计界树立了很高的地位，并且长期拥有 Ferrari（法拉利）和 Peugeot（标致）等稳定的客户群，公司发展状态非常稳定。宾法最大的优势是拥有非常出色的设计队伍，目前在新领域的探索也显示出宾法对未来发展的前瞻性和主动性。国内熟悉的哈飞-中意、华晨-骏捷就出自这家公司。

图 2-23　Pininfarina Sintesi-Concept（左）及 Ferrari Rossa-Concept（右）

三、意大利设计

由著名汽车设计大师 Qugetto Giugiaro 和杰出的汽车工程师 Aldo Mantovan 联手于 1968 年创立。Giugiaro 曾师从 Nucci Bertone，在博通设计室工作并学习，表现出了非凡的才华，是 Bertone 最得意的门生。离开博通自立门户后，Giugiaro 除了汽车造型设计以外，还充分展现出了他在企业管理方面的才能：他将汽车设计商品化，为客户提供全面、完善、专业的服务。这种经营策略相当成功，为公司吸引了大量的客户，在短短 40 年间取得了极大的成就，全球至少有 2500 万辆轿车出自 Giugiaro 之手。这种经营理念在后来得到了广泛推广，成为很多新兴汽车造型设计公司的参考样板，如图 2-24 所示。

意大利设计的业务主要以量产车为主，对于比例和细节的处理有着丰富的经验；但在设计水平上稍显平庸，缺乏新意和突破。尽管如此，意大利设计目前的经营状况极佳，规模和营业额都处于同行业领先地位。2012 年公司被大众汽车收购，成为大众旗下专门从事汽车造型设计的公司。

除了经营汽车造型设计之外，意大利设计还开展了其他业务，如建筑装饰设计、工业产品设计等，均取得了很高的成就。

图 2-24　Qugetto Giugiaro 及 Italdesign Brivido-Concept（中）、Alfa Romeo Brera（右）

除了三大汽车设计公司以外，全球还有很多大大小小的设计公司，如 I. DE. A、ZAGATO、Ghia 等。此外，很多汽车改装公司也有专门的设计部门，并且也有很强的汽车造型设计能力，如专门为奔驰提供改装的 AMG 和 BRABUS；为宝马提供改装的 ACSCHNITZER；为大众汽车和奥迪汽车提供改装的 ABT；为本田改装的 HRC、MUGEN；为丰田改装的 TOM'S 和 TRD；为富士改装的 STI 和 TEIN；为日产汽车改装的 NISMO；为三菱汽车改装的 RALLLART 等。

第三章　汽车造型设计美学基础

经过精心设计的汽车就像是流动的艺术品,在给人们生活带来便利的同时,也将美播撒在世界的各个角落。本章从"美学"出发,介绍"美学"在汽车造型中的各种不同表现方式,以及如何通过形式要素来体现汽车的造型美。

第一节　美学概论

"美"的定义是:好看、漂亮,即在形式、比例、布局、风度、颜色或声音上接近完美或理想境界,使人各种感官极为愉悦。"美学",即对"美"的研究,总结其规律,并适时应用。被人们在较严格意义上使用"美"来指代的事物很多,人们利用自身的知识和经验,面对这些事物形成了对"美"的基本概念,归纳起来主要有:

(1)视觉对象之美——绘画等视觉艺术的美、自然景色的美、人物形象的美、动植物的美等。

(2)听觉对象之美——音乐旋律和某些声音的美。

(3)思维感觉之美——文学作品的美、情感的美、行为的美等。

"美"是给人的一种感觉而非实体,没有一个绝对的尺度来定义和衡量,相对主观、且一直在演化。从长袍马褂到西装革履,从水墨山河到雕塑油画,不同的时间和空间对于不同受体所表现出来的美也各不相同,但最终对美的诠释都有相同点:合理、和谐、令人愉悦。

汽车,是具有双重功能的流动艺术品,穿梭在城市的大街小巷,奔波于乡村的崇山峻岭,时时点缀和美化着人们的生活。汽车功能是使用汽车的前提保障,汽车造型则是设计美学的具体展现。

第二节　汽车造型中的美

汽车,是生活中最常接触的交通工具之一。汽车的造型是科学技术与艺术的完美融合,集使用功能与欣赏功能于一身,给人们带来视觉和体验的双重冲击的流动艺术品。下面将具体剖析"美"在汽车造型中的存在方式。

一、创意之美

出色的创意,如同给予汽车造型一个美丽的心灵和生命的活力。创意是汽车造型设计中的主线和灵魂,也是最为精彩的部分,所有的造型设计工作都是围绕着创意来开展的。新颖的创意使得汽车造型不断的趋于完美,也使汽车有了更缤纷的种类。同样,创意的"美",除了新颖,也要求合理、和谐、令人愉悦。

汽车造型的发展需要不断有更新颖的创意来引领,这就是为什么各厂家都会乐此不疲地投入大量资源去研发概念车。在概念车上,一些新颖的造型元素、造型风格、先进的科学技术都会对汽车生产企业,甚至整个汽车行业的造型发展带来影响,指明未来发展的方向。例如图3-1中,Audi-TT的出现,就是以全新创意——圆润、饱满的曲面和艺术性的分块方式,彻底打破了Audi品牌原本平庸的造型风格,也让Audi设计室一跃成为汽车设计界的佼佼者;BMW-Z4大胆的采用凹面的创意,让BMW自新5系后造型风格由沉闷转化为年轻、硬朗化;VW也通过Concept-R让家族的"U"字和笑脸特征更明显。每款车都在通过新颖的创意,塑造自己的独特个性,以求在激烈的市场竞争中有一席之地。

图3-1 Audi-TT(左)、BMW-Z4(中)、VW-Concept-R(右)

好的创意要求汽车造型设计师具备新颖且美观的创意,能把握和引领的造型发展趋势。创意在各个不同的造型领域内给人们带来视觉的冲击及体验。

1. 创意——新的车身形式

车身形式的创新给了车身更多的可能性和趣味性。由于是整体形式的突破,这种创新方式往往会给人以最大的视觉冲击,给整个汽车行业带来新的生命力。车身形式创新一般体现在跨界车型以及概念车上。

跨界车型用一种车身形式给消费者带来多种车型的体验,在视觉上也带来很大的冲击。如图3-2所示,BMW-X6(跑车和SUV的跨界)和BMW-5Series_Gran Turismo(房车、SAV和GT跑车的跨界)的出现,打破了人们对于现有车型的认知,并给人们带来了更多的乐趣。

图3-2 BMW-X6(左);BMW-5Series_Gran Turismo(右)

某些概念车的设计往往会完全突破现有形式,重新设计车身和底盘,尽可能来强化造型。如图3-3所示,Mercedes-Benz在其60周年纪念活动中推出的Unimog概念车,裸露的车身形式彻底颠覆了现有的造型,但还是将Unimog系列车型传统的越野性能和粗犷风格淋漓尽致的展现出来。

2. 创意——新的造型风格

造型风格的创新也是创意的重要组成部分,汽车造型如同时尚潮流一样,总是在不断地更新,每隔数年又通常会出现较大的变化。

风格上的创新同样会在视觉给人上带来耳目一新的感觉。如图3-4所示的BMW 5 Series,

该系列2001款车型追求的是整个车身曲面的一致性:曲面平滑、变化很小;而2004款则采用全新的锋锐风格:曲面饱满且相邻曲面之间的变化极大、车身曲线清晰锋利。市场良好的反应,证明了这种锋锐风格很好的契合,并引导了当时消费者的审美观。

图3-3　Mercedes-Benz Unimog 概念车(左)和量产车(右)

图3-4　BMW-5 Series 2001款与2004款

3. 创意——新的设计语言

设计语言的创新一般限于品牌内部,每个品牌都有自己独特的、具有很强识别性的设计语言。设计语言一般是从品牌诞生开始,一直传承下去,每一代产品在保持设计语言精髓的基础上,再根据造型风格的流行变化进行创新。如图3-5中 VW Jetta 系列车型,每一代都会将设计语言进行创新设计,2006款采用家族特征——双"U"形的前脸,配合圆润的前照灯与镀铬的格栅;2011款则引入了锋锐的风格,将前照灯与格栅相连,下部雾灯与格栅连为一体,形成两个黑色长条区域,横向拉伸视觉宽度,原来的"U"形则通过曲面的转折和镀铬条的形式体现出来。和设计风格一样,新的设计语言也能给人带来时尚美感。

图3-5　VW-Jetta 2006款与2011款

4. 其他领域

创意的领域还有很多,如比例的创新、曲线曲面的创新、色彩与材质搭配的创新、功能与操作方式的创新、新材料与加工工艺的创新等,这些新颖的设计方式总能在视觉或者操作体验上给人们带来美的享受。

二、比例之美

比例美是汽车造型美的基础,比例的协调直接决定了车的第一感觉是否美观、匀称。一款成功的车型,必然会将整体和细节的比例都推敲到无可挑剔。因此,在汽车造型设计的过程中,调整汽车各部分的比例至关重要,也是汽车造型设计过程中需要最多时间的环节。

1. 整体比例

观察汽车的造型如同观察一个人,人的美所展现出来的第一印象是整体印象,即高矮胖瘦,上下半身比例等是否协调,然后才会观察细节。汽车也一样,汽车的美首先在于整体的比例是否和谐,整体的比例可以显出车的气势。整理比例包括长宽高、车身与座舱、肩线上下、轮距与轴距、前后悬与轴距等比例,如图3-6所示。

图3-6 整体比例(Aston-Martin-DB9)

不同年龄阶段的人各部分的比例是不一样的,不同级别的汽车也是一样,需要不同的比例和尺寸。例如Audi-A4、A6、A8(图3-7),都传承着相同的家族特征,但由于比例和尺寸的不同给人的视觉冲击就完全不一样:A4年轻朝气,锋芒毕露;A6成熟圆润,含蓄内敛;A8尊贵稳重,自信从容。

图3-7 Audi A4(上)、Audi A6(中)、Audi A8(下)

2. 细节比例

细节犹如人的五官,和谐的比例会让人觉得很精致漂亮。汽车的零部件很多、很复杂,因此细节的比例也会很多。例如车灯、格栅、保险杠之间的比例;前照灯和雾灯的比例;防擦条的宽度;密封条的宽度等。即各个小部件本身和其与整体尺寸之间的比例,甚至小到一个旋钮上纹络的深度和倒角大小——比例无处不在(图3-8)。

3. 黄金分割比例

黄金分割比即1:1.618是公认的最完美比例,如图3-9中胡夫金字塔、巴蒂农神庙、巴黎圣母院、鹦鹉螺、等角螺旋曲线等这些天然的完美

图3-8 对JAGUAR-XK细节比例的分析

物体或人造的精美建筑中都具备黄金分割的特征。汽车造型设计中常用的比例有很多种,如等比、平方根比等,但黄金分割比具有最高的美学价值。只有最完美的比例才能让汽车造型有一个匀称的体型。

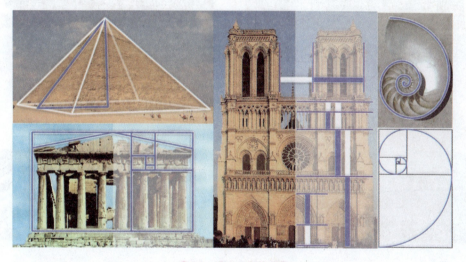

图3-9 黄金分割的应用

采用黄金分割的方式来表现汽车车身的比例美,既符合人们的视觉规律,在视觉上产生理性韵味的美感,又具有严密的科学依据。如图3-10中汽车的肩线将汽车在视觉上分为上下两部分,这两部分的高度比例就可以采用视觉上黄金分割的方式来实现完美比例。

三、形体之美

汽车的形体美是设计美学研究的重要部分。汽车形体各异,风格各异,给人们带来的视觉享受和审美情趣亦各异。

点、曲线、曲面构成了汽车形体的所有造型元素。设计师巧妙的运用这些设计元素,着重对汽车形体的姿态、气势、风格进行刻画。曲线如同躯干般,构建出或优雅挺拔、或小巧可爱的汽车身姿;曲面如同肌肤,包覆着或刚强有力、或饱满娇柔的汽车躯体。如图3-11中的4款车型,分别将灵动简约、刚毅坚定、性感圆润及复杂有机的汽车造型的形体之美展露无

遗。形体之美主要包含两个方面内容,即车身的姿态之美与造型风格之美。

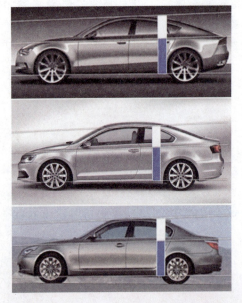

Audi-Sportback_Concept(2009年)	Buick-LaCrosse(2010年)
VW-NCC(2010年)	VW-Jetta(2006年)
BMW-5-Series(2008年)	VW-Passat(2006年)

图 3-10　车身肩线上下部分比例分析

图 3-11　汽车形体美

(从左至右依次是 VW-New Bettle、Cadirac-CTS、BMW-Z8、Toyota-i-unit)

1. 姿态之美

汽车造型的姿态指的是汽车在静态时,通过车身主要特征线的走势构建出的整体轮廓姿态。如同车辆的气质一般,同样给人以沉稳大气、动感进取、灵动小巧、复杂有机等感觉。

1) 沉稳大气

图 3-12 中的 Rolls-Royce-101EX,全车身主要特征线多由水平和竖直的线条构建,修长而平稳;各部分的造型也都以极规则的矩形和圆形为基础,车身具有极强的平衡感和秩序感。整车呈现静态的雍容华贵、坚毅挺拔;散发出沉稳静谧之美。

2) 动感进取

图 3-13 中的 Lamborghini-Reventon_Roadster,通过大量上扬的斜线,将整个车身打造出不平衡的楔形姿态,并通过三角形和多边形的应用,进一步打破平衡和秩序感。即使停在原

地，车身造型依然动感十足，散发出动感和突破的决心。

图 3-12　沉稳大气的 Rolls-Royce-101EX

图 3-13　动感进取的 Lamborghini-Reventon_Roadster

3）灵动小巧

图 3-14 中的 New Beetle，车身上几乎没有直线，取而代之的是圆润饱满的弧线或是圆形。这个造型特征配合紧凑的车身形式，展露出 New Beetle 充满弹性，很具亲和力、灵动可爱的气质。

4）复杂有机

为了保证整车造型流畅，车身的线条一般会很简练，不会出现多个拐点。但图 3-15 中的 i-swing 作为对未来和大自然的探索，使用了多变复杂的线条，彻底颠覆传统汽车的条条框框，用复杂而有机的形态，给人们带来了极大的视觉冲击和享受，让汽车造型更具有趣味性。

图 3-14　灵动小巧的 VW-New Beetle

2．风格之美

汽车造型的风格与姿态的直观可见性不同，风格是通过曲面的饱满度和完整度、曲线的走势等多个因素综合起来给人的感觉，需要品位和体会才能捕捉到风格之美。汽车造型有很多种风格，如粗犷挺拔、细腻饱满、理性逻辑、感性情绪等。

图 3-15　复杂有机的 TOYOTA-i-swing

1）粗犷挺拔

造型风格的粗犷美分为两种类型：一是极简，尽可能减少曲线、曲面的变化，并减少装饰部件，使车身曲面紧绷挺拔，营造出一种原始、未经雕琢却充满力量的感觉（图 3-16a）；二是极繁，采用变化复杂的造型特征，以及多种材质和部件的搭配，将汽车的强大性能体现出来（图 3-16b）。这是两种完全相反的设计思路，却都能体现出阳刚的粗犷之美。

a)Cadillac-Sixteen

b)Hummer-H3t

图 3-16　粗犷挺拔风格

2）细腻饱满

细腻饱满的风格更类似于女性的善变和柔美：车身造型流畅；曲面饱满而富有变化；曲线充满弹性；细节的处理细腻圆润；车身上各造型元素之间彼此和谐统一，并且有韵律感的变化。如图 3-17 中的 Volvo-YCC，这是一款完全由女性设计师设计的概念车，在这款车上，女性细腻饱满的风格被发挥得淋漓尽致。

图 3-17　细腻饱满风格（Volvo-YCC-Concept）

3）理性逻辑

理性且富有逻辑感的造型需要具备流畅的车身、精准的线条；且各个线条彼此之间紧密关联；各造型元素之间彼此呼应、和谐统一，从而使得造型具备逻辑感。这种风格多体现在德国的汽车品牌中，如图 3-18 所示。这种造型风格会给人以很强的工业美感和技术美感。

图 3-18　理性逻辑风格（Audi-A3-Concept）

4）感性情绪

感性和情绪化的设计风格与理性逻辑化的风格截然不同：对线条彼此之间的关联性没有强硬的要求；对线条本身也没有特殊的限制；曲面的变化更为丰富。所有造型语言都是为了强化造型主题，这种情绪化的设计往往会更容易和人们产生思想和情绪上的共鸣，造型更具煽动力和感染力，如图 3-19 所示。

a)Nissan-Townpod_Concept　　　　　　　　b)Renault-DeZir-Concept

图3-19　感性情绪风格

四、妆饰之美

有了匀称的"身体"和精致的"五官",再加上精致的"妆容",汽车的美能被进一步的提升。车身内外饰的色彩、贴图、材质、花纹、配件等便是汽车的妆饰。在这些妆饰中,汽车的色彩最为主要,也是最为明显的造型元素。

在距离较远、还无法看清汽车形体本身的时候,汽车造型中给人带来第一印象的便是她的色彩。热烈激情的红色、青涩可爱的绿色、冷静理性的蓝色……汽车的色彩总是能在第一时间给人带来强烈的视觉冲击,并产生无限的遐想。当汽车驶近的时候,车辆的材质、花纹、贴图等便开始发挥出其强大的造型影响能力。神秘的亚光漆面、鲜亮的高光漆面、精致的镀铬材质、个性的贴图彩绘……各种装饰总能给汽车造型带来更进一步的视觉享受,如图3-20所示。

图3-20　汽车外观的"妆饰"

汽车造型设计师科学合理的运用色彩、材质等装饰,不仅会给人带来美的视觉享受,同时也会使汽车更具人性化、个性化,从而拉近人与车的距离。

五、功能与结构之美

汽车的功能美是汽车设计的主要目的之一,造型设计也需要为功能服务。汽车发展的方向始终是以人为本,即一切围绕着驾乘人员来展开,方便驾乘人员操作使用:包括驾乘的安全性、坐卧的舒适性、上下车的方便性、操控的灵活性、视野的开阔性等。

更新更全面的功能和更便捷的操作方式总是能给人们带来更舒心愉悦的体验,视觉上也会带来相应的变化。如图 3-21 中的 BMW 的 iDrive 和 Audi MMI 操纵系统:高度集成了车辆状态控制、操控信息控制、娱乐等功能,使驾乘人员操作更简单方便;同时高度集成的操作系统也在视觉上使得操控面板更为简洁美观。

图 3-21　BMW-iDrive(左)和 Audi-MMI(右)的高度集成操纵系统

汽车的结构在不断进化的同时也在变得多样化,新颖的车身内外结构满足了人们更多种类的需求,也使得汽车从单一的交通工具变得具有越来越多样化和生活化的功用,同时也增加了汽车的趣味性,在视觉和体验上都带来了更多的美妙冲击。如图 3-22a)表示新的内饰功能布局;图 3-22b)表示新的拖挂车结构;图 3-22c)表示新的车门开启方式。

六、细节之美

细节的精美程度能直接反映出车的品位和档次,精致和贴心的细节设计、精湛的制作工艺,会使车看起来更具内涵、更具品质感,也更具人本思想。

1. 精致设计的细节

精心设计的汽车造型是完美的工艺品,其每个细节也都是一个个小的工艺品,如图 3-23 中 BMW-Z4 的部分细节,大到型面,小到按钮,也都需要精心设计。对细节的考究也反映出设计师对设计的态度,一个优秀的设计师是不允许他的作品出现任何的瑕疵。通常一部好车在细节上所花的心思并不会比整体造型少,设计师会用很长时间反复地推敲一个小局部、一条线,即使是很细微的差别,变化也可能只是一两个毫米。

2. 精湛细腻的工艺

精湛细腻的制造工艺是体现汽车品质感最为直观的方式:精致的圆角、精密的切割、紧密的配合等都能体现出制造工艺的因素,如图 3-24 所示为 Audi 品牌精湛的工艺。设计过程中经常通过对造型细节特殊的设计,来彰显精湛的工艺。

3. 贴心的人文关怀

汽车是一个庞大而复杂的机器,但设计还需以人文本,需要设计师充分考虑到驾乘人员的使用习惯,在细节的设计上体现更多的人文关怀。如图 3-25 所示范例,给爱穿高跟鞋的女

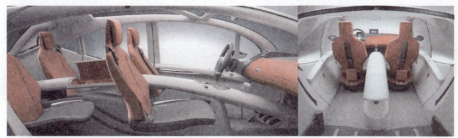

a)Renault-Be-Bop

b)Rinspeed-Dock-Go

c)Alfa-Romeo-Pandion-Concept

图 3-22　新颖的车身内外结构

图 3-23　BMW-Z4 的侧转向灯和后视镜

图 3-24　Audi 品牌精湛的工艺

司机一个收纳鞋子的空间(左图);更多功能的储物空间(中图);或是考虑给宠物一个单独空间及相应关怀(右图)等。贴近生活、方便使用的细节设计会让人觉得更贴心,更有亲和力。

 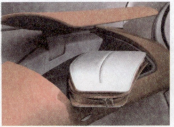 

图 3-25　个性化、生活化的内外饰造型

七、科技之美

汽车造型设计必须符合科技和法规,科技的发展和法规的完善使得汽车的人性化、多样化越来越明显;新技术、新功能、新材料的应用让汽车更加方便驾乘者操控和享受,这也对汽车造型有很大的影响。

1. 汽车空气动力学

从马车型车身到厢式车身、甲壳虫车身、船型车身、鱼型车身、楔型车身,空气动力学发展一直推动着汽车造型的演变。汽车空气动力学(图 3-26)是研究空气与汽车相对运动时的现象和作用规律的一门科学。目前汽车空气动力学的发展趋势是将气动造型与美学造型完美结合;强调车身整体曲面光顺平滑;让车身线条更流畅、更完美。

图 3-26　空气动力学试验

2. 汽车人机工程学

汽车的发展是以人为本,汽车的变化都是为了更方便人们驾乘使用。汽车造型的人性化设计随处可见:可调节座椅、转向盘、杯架、点烟器、车载电视等,让操作越来越舒心,如图 3-27 所示。

图 3-27　无盲区的镂空 A 柱(左);方便残疾人上下车的座椅(中)及地板(右)

3. 新技术

新技术、新能源、新材料对于造型的促进也功不可没：LED 的运用，让车的双眼更明亮更多变也更具魅力，霓虹和荧光等技术，也让车更加得炫目。

4. 新功用

多元化的需求，演变出多种独特的车系：援救车（图 3-28）、房车等。这也使得汽车造型向多元化发展，各种车型都有属于其独特的造型特征。

图 3-28　援救车

5. 法规

法规对于汽车造型的发展有着制约和指导作用，让车更加规范、更加安全、更好地保护驾乘人员。一款成功的汽车造型，既要有流畅的车身；也要尽量融入一些时尚前卫的概念和技术；还要能满足法规并能在操控上给予驾乘人员更多的贴心关怀，才能给人以愉悦的感觉。

第三节　形式美在汽车造型设计中的应用

一、形式美的构成

形式美是指构成事物的物质材料的自然属性（线条、形态、色彩、材质、声音等）及其组合规律（尺度与比例、对称与均衡、节奏与韵律等）所呈现出来的审美特性。形式美的构成因素一般划分为两大部分：一部分是构成形式美的感性质料，另一部分是构成形式美的感性质料之间的组合规律，或称构成规律、形式美法则。

汽车的自然属性中以形态最为关键，形态构成了一辆汽车的形体，几乎完整地反映出汽车所有的形状特征；色彩和材质的搭配能更好地彰显出汽车造型的个性，或多面的性格。

二、形态要素及应用

任何一门艺术都含有其自身语言，而造型艺术语言的构成，其形态要素主要是：点、线、面、体、色彩及肌理等，构成汽车的要素也无非是这些以及它们所演化出的各种其他基本要素。

1. 点

点是自然界最为基本的要素，所有的东西都是由点组成的，一般意义上的点，都是一个圆圆的小图案。不过相对一个较大的整体来说，任何一个独立的小元素都可以称之为点，比如：椭圆形、三角形、方形、多边形，甚至不规则图形，如图 3-29 所示。点在形态学中，具有大小、形状、色彩、肌理等造型元素。在自然界中有很多的点，例如天空中的日月星辰，在天空的背景下，都只是一个点。

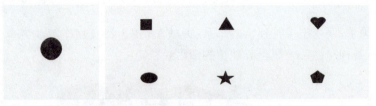

图 3-29　点的形式

点是汽车造型设计中最基本、最简单的设计元素，通常会被用在一些曲面和造型都很圆润、稚朴的小车上。例如圆圆的前照灯，相对于整个车身就可以被视为点，这个点具有很强的向心性，能很容易形成视觉的焦点和形体的中心，如图 3-30 所示。

图 3-30　Honda-PV、FIAT-500 外饰点元素的应用

但同时点在设计中也具有消极性，能使画面空间呈现出涣散、杂乱的状态，有效地应用这点也可以达到别样效果，多用于汽车内饰灯光设计中［如图 3-31a）所示，模仿夜晚星空］；此外，点会在某种意义上阻断一条线，甚至一个面的延伸，影响连贯性、流畅性，但若以组合或阵列形式呈现时，就会显得有秩序感，在汽车内饰按键设计中常用，如图 3-31b）所示。

a)　　　　　　　　　　　　　　　　b)

图 3-31　Renault-Z17-Concept 和 Volvo 内饰点元素的应用

2. 线

线是点运动的轨迹，又是面运动的起点。在形态学中具有宽度、形状、色彩、肌理等造型元素。在汽车造型设计中，线可以勾画出造型特征和轮廓，和点不一样，线不只是单独的一个小单元，有些线会贯穿首尾，归纳整个造型，反映主要特征。线由水平线，垂直线，斜线，曲线等构成。

（1）水平线。在水平方向的视觉上可以延伸长度，给人以平稳、平静、从容感，自然界中最常见的水平线就是地平线。在汽车上，由于水平线的延展方向与汽车的运动趋势一致，会使车的造型在水平方向上加长，从而更为大气从容、高贵优雅，如图3-32所示。

图3-32　水平线造型（Rolls-Royce-Phantom）

（2）垂直线。在垂直方向的视觉上可以延伸高度，给人以刚毅、挺拔感，如高耸的摩天大楼。在汽车造型上应用垂直线特征，也能给车带来同样的风格，如图3-33中Rolls-Royce的经典竖条型散热器格栅，就是应用垂直线的排列，体现刚毅、坚定、从容、华贵的气势。

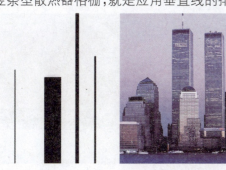

图3-33　垂直线造型（Rolls-Royce-Phantom）

（3）斜线。斜线通常会给人以不稳定、运动的感觉，如滑索。斜线在汽车造型上被很普遍的使用，例如前车窗、发动机舱盖板、车身的特征线等，这些斜线特征的应用不仅让车更流畅、风阻更小；也让车更具动感，仿佛随时都在飞驰，如图3-34所示。

图3-34　斜线造型（Lamborghini-Sesto_Elemento_Concept）

（4）曲线。曲线通常可以带来飘逸、动感、自由。严格的讲，汽车上的每一条线都是曲线，这里所指的曲线是车身上有着明显弧度的主要特征线。通过弹性、流动的线条表达出车身张力紧绷或是飘逸灵动，给汽车造型带来蓄势待发的力量感，或是柔美率性的洒脱感，如图3-35所示。

3. 形

扩大的点、封闭的线、密集的点和线都能形成面。面是"形象"的呈现，即是"形"，常见的几何形状有圆形、矩形、平行四边形、三角形、多边形等。这些形状应用在汽车造型上具有数理性的简洁、明快、冷静和秩序感,但每种形状又能带来不一样的视觉感受。

图 3-35　曲线造型(BMW-Mille_Miglia_Coupe_Concept)

(1)圆形。圆形或椭圆形能让人联想到圆润光滑、小巧可爱的事物。圆形元素在汽车造型上的使用也能让车显得精致小巧、生动可爱,如图 3-36 所示。

图 3-36　圆形造型(VW-New Bettle)

(2)矩形。包含正方形、长方形,矩形能给人以安静、平稳、开阔等感觉,并且综合了部分水平线和垂直线的特征。因此,矩形在客车、货车和豪华轿车上使用的较多,如图 3-37 所示。

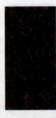

图 3-37　矩形的使用在 SCANIA 重卡和 Rolls-Royce-Phantom 上的体现

(3)平行四边形。是矩形的变形,视觉上是不稳定的形状。与斜线给人的感觉类似,平行四边形在汽车造型上一般用于体现汽车动感的姿态,如图 3-38 所示。

(4)三角形及多边形。三角形具有尖锐的夹角,视觉上带有一定的攻击性;多边形则给人以力量感。两种形状都具有碎裂感,如同硬物被重击后形成的碎片,同时也能让人联想到导致碎裂的原因:带有速度的力量。这两种形态一般在汽车造型上被同时使用,以体现汽车的速度感和力量感,如同高速行驶的汽车被风的力量撕裂,给人以强烈的视觉冲击,如图 3-39 所示。

4. 面

曲面构成了汽车的躯体,让汽车的造型得以充实和完整。曲面按照其弧度的变化也分成很多种类:平缓曲面、弹性曲面、多变曲面,每种曲面都能给汽车造型塑造出不一样的性格,如图 3-40 所示。

图 3-38　平行四边形的使用在 Lamborghini-Gallardo 上的体现

图 3-39　三角形和多边形造型（Lamborghini-Sesto_Elemento_Concept）

图 3-40　曲面的三种不同形态

（1）平缓曲面。弧度较小、相对平坦、且变化不多。平缓曲面能给人以宽阔、舒展、平静、坚毅可靠的感觉,并对周边形成支撑的态势。基于这样的特征,平缓曲面通常被运用在高档豪华轿车或大型 SUV 上,能体现出车型的大气稳重或是坚实可靠,如图 3-41 所示。

图 3-41　平缓曲面造型（Rolls-Royce-Ghost 和 HUMME-H3）

（2）弹性曲面。弧度较大且富有变化。弹性曲面能给人以饱满、圆润、富有弹性、活力充沛的感觉。这样特征的曲面一般被用在中级及中级以下车型上,来体现车型的年轻朝气和活力动感,如图3-42所示。

图3-42 弹性曲面造型(VW-NCC 和 Audi-RS5)

（3）多变曲面。弧度较大,且常常伴有急剧的变化。多变曲面极具个性,且如同肌肉一般,能给人以个性张扬的力量感。这样的曲面一般被用在个性鲜明的小型车或是跑车上,如图3-43所示。

图3-43 多变曲面造型(Mercedes-Benz F 400 与 Renault DeZir)

三、色彩的规律及应用

心理学家做过实验,在红色的环境中,人会情绪冲动、脉搏变快、血压升高;相反,在蓝色的环境下,人会比较冷静,脉搏也会减缓。色彩能激发出人们某种心理的联想及暗示,并在生理上产生一定的影响。例如冬天的室内挂上暖色调的窗帘会让人心理上产生暖和的感觉;夏天的屋子如果是冷色调的墙壁,也会给人以清新凉爽的感觉。

以下是部分常见的色彩,及其让人可能产生的联想、心理暗示,以及适用的车型。

红色:火焰,警示,性感,激动,精力。多用于运动型车、消防车等;

橙色:金秋,热烈,耀眼,警示,醒目。多用于运动型车、工程车等;

黄色:花朵,浪漫,亮丽,跳跃,明快。多用于运动型车、小/微型车等;

绿色:生命,田野,环保,清凉,幽深。多用于小/微型车、个性化车等;

蓝色:海天,理性,宽广,科技,宁静。适用广泛,可体现出科技、环保;

紫色:晚霞,优雅,浪漫,魅惑,梦幻。适用于线条柔美、女性化的车等;

棕色:古朴,典雅,醇厚,高贵,稳重。适用中/高级车、豪华型车等;

白色:白云,开放,平静,高雅,圣洁。适用广泛,小/微型车多用白色;

黑色:黑夜,结实,权威,低调,深邃。适用广泛,豪华型车多用黑色;

灰色:冷静,冷酷,厚重、品质、品味。多用于小型车、中高级车等;

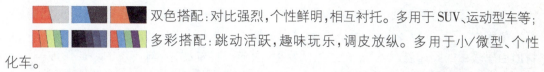
双色搭配：对比强烈，个性鲜明，相互衬托。多用于SUV、运动型车等；
多彩搭配：跳动活跃，趣味玩乐，调皮放纵。多用于小/微型、个性化车。

在汽车造型设计的时候会充分运用色彩在心理上的暗示作用，来增强形态本身给人的感觉，从而来提升造型美感，如图3-44所示。

a) Audi-A3_TDI_clubsport_quattro_Concept

b) Mini Concept Tokyo

c) VW Taigun Concept

图3-44 汽车色彩

四、材质在汽车造型设计中的应用

材质即物体材料和质感的结合，也就是物体看起来的质地。汽车造型设计中会用到很多不同的材质，并且相互搭配来衬托造型。常用的材质有镀铬、镀铝、高亮、亚光（磨砂）、拉丝等，如图3-45所示。

镀铬材质反射率极高，如同镜子一般，一般被用在局部的细节点缀，作为亮点来烘托造型的高档，如格栅、装饰条等。由于其反射率太高，在内饰中通常不会大面积使用，一般只作为部件的边框或嵌入的装饰条，宽度很窄。

镀铝材质反射率很低，表面有细微的颗粒，色泽较亮，一般也被用在局部细节，起点缀亮点作用，如装饰条、行李架等。由于反射率较低，光泽温和，镀铝材质会给人以高品质的感觉，所以在会在内饰中被使用，如装饰条或操作面板等。

高亮材质最为常见，反射率中等。是车身造型上被使用最多的材质，如车身的外饰喷漆、内外饰的钢琴漆面板或装饰条等。高亮材质一般可以通过喷漆或者直接模具注塑两种方式来实现。

亚光材质即材质表面为细小的颗粒,因此反射率极低。一般被用在外饰格栅、防擦条、装饰条等,由于其以色泽温和,所以亚光材质被使用在大部分的内饰的部件中。另外,亚光材质由于表面的柔和温润,对于光线的低反射,形成一种神秘感,与传统的漆面形成鲜明的对比,也正被越来越多的人接受并用在外饰颜色上。

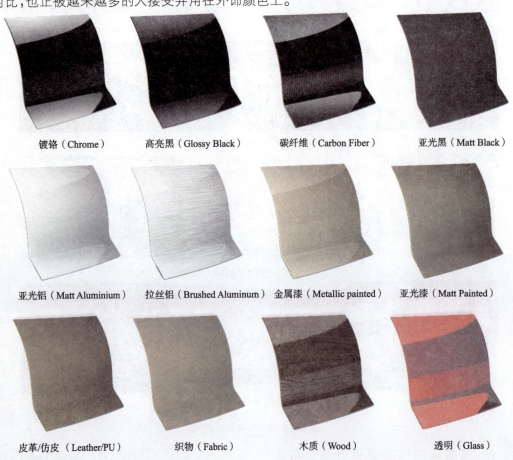

图 3-45　汽车材质

拉丝材质通过机器在金属表面加工出如细丝排布的效果。拉丝材质带有明显的机器加工的痕迹,能给人以精致加工以及科技感,一般被用在内外饰的装饰条上,来提升车的档次,如图 3-46 所示。

图 3-46　VW-Cross_Coupe(左)及 VW-Golf(右)

第四章 汽车造型设计流程

汽车的种类繁多,常见的有乘用车、商用车、工程车等,除此以外,还有不会用于量产的概念展车、电影拍摄用车等,不同的汽车,其造型设计流程也不尽相同。本章主要针对量产乘用车来讲述汽车造型设计流程。

第一节 汽车研发流程

汽车造型设计流程属于汽车开发流程中的一部分,如图4-1所示。新车型的开发一般

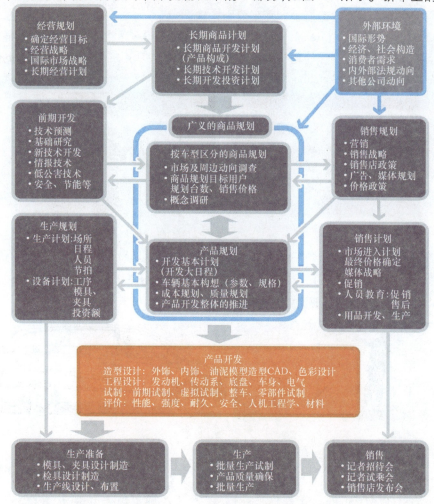

图4-1 汽车总体研发流程

需要 3~5 年时间,包括控制规划、项目管理、市场销售、造型设计、工程设计、试验检测、生产试制等多个部门。总的顺序为:新产品规划→产品开发→生产准备→批量生产→市场投放。

产品开发是整个汽车开发的核心部分,包含总布置设计、造型设计、工程设计、样车试制、试验检测。造型设计在整个开发流程中是处于比较靠前的位置,其合理与否直接影响之后环节的进行。

第二节 汽车造型设计的工作内容

汽车造型设计工作按照范围来划分,可分为汽车外型设计、内饰设计两大部分工作;按照设计流程划分,可分为二维造型设计、三维造型设计、色彩与装饰设计三个部分。

一、二维造型设计

二维造型设计(2D-Design)主要包含内外饰草图、效果图、指导模型工作的视图。这部分工作由负责外饰或内饰的造型设计师来分别完成。

草图(Sketch)及效果图(Rendering)或者模型视图通常是造型设计师在纸面上通过绘图工具或者运用二维绘图软件在计算机中绘制而成(图4-2),常用的绘图软件有 Adobe Photoshop、Adobe Painter、Alias Sketchbook 等。

图 4-2 手绘草图与计算机复制绘图

在传统的二维造型设计工作中还包含胶带图(Tape Drawing)的贴制,如图4-3所示。但由于近年来 CAD 以及全尺寸打印技术的发展和运用,胶带图运用越来越少。

图 4-3 胶带图

二、三维造型设计

三维造型设计(3D Styling)主要包含外饰、内饰的造型实物模型设计、数字模型设计。这部分工作主要由外饰或内饰造型设计师、实物模型师、数字模型设计师共同完成。

1. 实物模型

实物模型包括小比例模型(scale mode，通常有1∶10、1∶4或1∶5等几种比例)，1∶1全尺寸模型(full size model，与实车大小一致)，实物模型是造型验收和评审的重要依据。目前来讲，油泥模型(clay model)是大部分汽车厂商在汽车造型设计过程中运用最多的实物模型，如图4-4所示。

图4-4 油泥模型制作

油泥是专门为汽车造型开发的一种类似橡皮泥的黏土，常温下硬度较高，通过专用烤箱加热可使其变软，模型师将其敷在模型骨架上待其冷却变硬后，使用刮刀或刮片可对其进行表面的塑造。详细的油泥模型制作过程见后面章节。

全尺寸模型的设计环节中，油泥模型上并不是模型的每一处都使用油泥，为了提高模型的真实效果，在一些车身附件上会运用到真实零件或者树脂材料的硬模型，通常称为硬模型件(hard parts)。例如外形模型的车灯、车轮、进气格栅、镀铬亮条、后视镜、排气尾管、车门把手、车窗玻璃等；内饰模型中的硬模型零件更多，因为在塑造细节的时候，使用油泥进行往往时间较长，难度较大，且真实感较差。例如出风口、旋钮、按键等。实物模型在进行展示和验收的时候，通常将进行贴膜、喷漆等装饰，以达到近乎于真车的效果。

2. 数字模型

数字模型(digital model)是在电脑中运用三维建模软件进行构建和设计的虚拟模型，如图4-5所示。按照数字模型的构建方法可以分为：正向建模及逆向建模。正向建模是直接根据二维方案及图纸构建三维模型；逆向建模是根据对实物模型进行表面扫描得到的点云来构建三维数字模型。

图4-5 数字模型工作状态

按照数字模型的作用可分为：用于前期造型和实物模型的CAD辅助数字模型(常用正向建模方法构建)；后期用于生产和制造的产品表面数据(常用逆向建模方法构建，部分零部件多使用正向建模，如车轮、车灯、内饰仪表、收音机等部件)。

汽车造型设计行业内通常用到的三维软件有Alias、Rhino、Icem Surf、RTT等。

三、色彩及装饰设计

色彩及装饰设计(color & Trim)主要包含汽车内、外饰的色彩，汽车内饰中的面料、皮革、装饰条、塑料件、金属等可触及材质的表面花纹及图案的设计和搭配。这部分工作以内饰区域工作为主，主要由色彩及装饰设计师来完成，色彩与面料的样板如图4-6所示。

图4-6　色彩与面料的样板

四、小结

这三部分工作是按照顺序先后进行的，但因为各部分工作都是相互关联和相互影响的，所以很多时候会同时开展。其中，三维设计工作是汽车造型设计中最为核心的部分，而在这个设计过程中，油泥模型的制作会占据大部分时间。相对来说，二维造型设计工作与三维造型设计工作联系更为紧密，而颜色与装饰设计工作相对较为独立。

第三节　汽车造型设计团队的构成与职责

汽车造型设计是一项团队化的设计工作，随着专业化程度越来越高，汽车造型设计的分工也越来越细。一个完整的汽车造型设计团队主要包含：造型设计总监、外饰造型设计团队、内饰造型设计团队、数字模型团队、实物模型团队、色彩及装饰设计团队、造型设计管理团队。以上是目前全球各大汽车品牌设计部门或者独立汽车造型设计公司的基本组织架构情况，如图4-7所示。

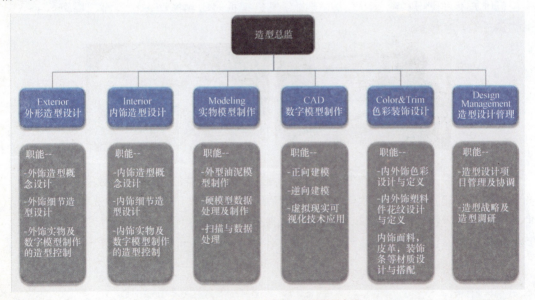

图4-7　汽车造型设计部门机构及职能框架

(1)造型设计总监是整个设计团队的管理者,也是设计团队的核心,主要工作是对设计理念、设计方向、设计准则、设计质量进行把握与控制。

(2)外饰造型设计团队主要职责:外饰造型设计;外饰细节造型设计,如车灯造型、轮辋造型等;对外饰实物及数字模型制作的造型控制。汽车外饰设计草图如图4-8所示。

图4-8 汽车外饰设计草图

(3)内饰造型设计团队主要职责:内饰造型设计;内饰细节造型设计,如座椅、人机交互设计;对内饰实物及数字模型制作的造型控制。汽车内饰设计草图如图4-9所示。

图4-9 内饰设计草图

(4)实物模型团队主要职责:油泥模型制作;硬模型制作;模型展示;模型扫描。实物模型制作过程如图4-10所示。

图4-10 实物模型制作过程

(5)数字模型团队主要职责:正向建模;逆向建模;虚拟现实可视化技术应用。数字模型的渲染如图4-11所示。

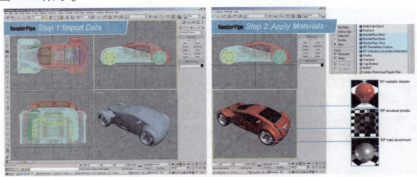

图4-11　数字模型的渲染

(6)色彩及装饰设计团队主要职责:内外饰色彩设计与定义;内外饰塑料件花纹设计与定义;内饰面料、皮革、装饰条等材质设计与搭配。色彩与装饰设计过程如图4-12所示。

图4-12　色彩与装饰设计过程

(7)造型设计管理团队主要职责:造型设计项目管理与协调,设计战略管理。

随着汽车造型设计行业不断健全,针对具体的造型设计工作,汽车公司设计团队的组织机构可能划分更细、更全面。例如,有些公司通常还会设立前期概念设计团队,像知名的Mercedes-Benz、BMW、AUDI、Nissan、Toyota、GM等都设有前期造型设计中心(Advanced Design Center),其主要工作和职责是进行造型设计研究和概念设计等。

第四节　汽车造型设计流程中的验收里程碑节点

随着汽车造型的重要程度及影响力日益加大,造型设计也成为汽车开发流程中相当重要的环节。按照目前技术水平,一款全新开发车型从研发到量产问世,需要3~5年时间,而造型设计工作正是前期重要环节且贯穿车型开发始终,主要在研发过程中的前1~2年时间完成,其具体设计流程如图4-13所示。

在造型设计期间,通常会设定以下验收节点,称之为里程碑节点:

(1)造型设计开始:造型设计工作启动;

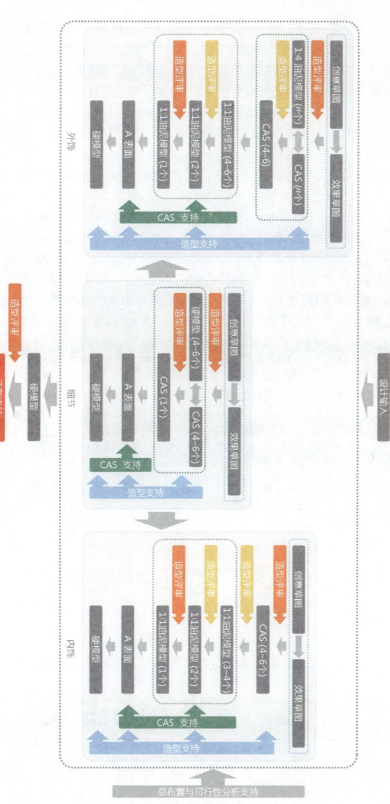

图 4-13　汽车造型设计流程

(2)造型设计设想:造型二维设计方案评审、数字模型展示,展示方案数量 n 个,$n \geq 6$;

(3)造型设计筛选:小比例外饰模型实物评审、数字模型展示,展示模型数量 n 个,$n \geq 4$;

(4)造型设计选择:1:1 内外饰实物模型评审,展示模型数量各 n 个,$n \geq 3$;

(5)造型设计确定:1:1 内外饰实物模型评审,展示模型数量各 2 个;

(6)造型设计决定:1:1 内外饰实物模型评审、数字模型展示,模型数量各 1 个;

(7)造型设计冻结:1:1 内外饰实物模型评审、数字模型展示、色彩及装饰方案展示,展示模型数量各 1 个;

(8)表面数据验收:用于生产制造的表面三维数据以及根据表面制作的工程结构三维数据验收;

(9)色彩及装饰方案确定:一系列相关方案评审、实物样车样件展示。

目前在汽车开发过程中,通常还会引入并行工程(Concurrent Engineering),即各个环节采取同时并举方式。并行工程的应用可以提高设计可行性、缩短开发周期、加速产品上市时间。在汽车造型设计工作过程中,有很多外部造型输入条件,其中最主要的是市场定位及需求信息、工程技术要求两方面,在实际工作中,工程设计可以与造型设计同时进行,从而确保最后的造型满足工程要求、并可实现量产;造型设计各个环节也可以同时进行,如图 4-14 所示。

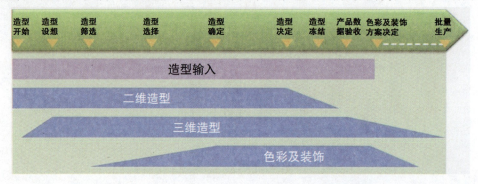

图 4-14 基于并行工程的汽车造型设计流程

第五节 汽车造型设计流程详解

一、二维造型设计流程

二维造型设计是汽车造型设计工作中的第一步,持续时间从造型设计开始到造型冻结,如图 4-15 所示。

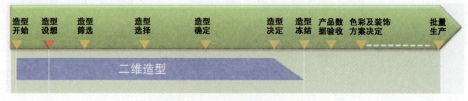

图 4-15 二维造型设计节点

第四章 汽车造型设计流程

1. 造型开始→造型设想

这个过程是外型及内饰二维设计的集中工作阶段。此时需要总布置部门提供汽车总布置及车身总布置输入(图4-16a);前期调研部门提供新车型的市场定位、风格趋势、目标用户群体等基本信息(图4-16b、c)。造型设想是二维设计工作中重要的时间节点,在验收过程中将会对外型及内饰的造型创意方案进行评审,选中的方案(多个方案)将作为下一步进行制作模型的工作基础。

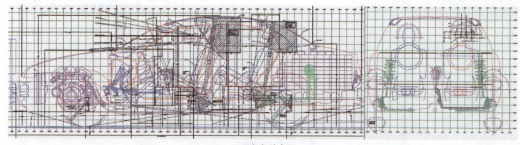

a)汽车总布置

b)造型风格趋势

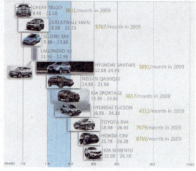

c)市场定位

图4-16 二维造型设计中造型开始至造型设想阶段

2. 造型设想→造型冻结

二维造型工作的步骤通常是从创意草图开始,经过一步一步的细化、推敲、完善,最后形成效果图。绘制草图通常是先从整体设计入手,再到细节的设计,如图4-17中Skoda-Roomerster的外饰二维设计过程。二维造型设计工作除了提供形体创意方案以外,还要指导三维造型设计工作的进行,从造型设想到造型冻结的每一个验收节点,都需要同时展示模型和相对应的二维方案。

二、三维造型的工作流程

如图4-18所示,红色标志处是三维造型设计中相对重要的里程碑节点。作为汽车造型设计的核心工作部分,外饰与内饰的三维造型流程在前期稍有不同,如图4-19所示。

1. 外饰的三维造型设计流程

外饰的三维设计流程包含外饰实物模型制作和外饰数字模型制作两部分。

1)造型开始→造型设想

随着计算机辅助造型技术的广泛运用,通常在制作外饰实物模型之前,先制作数字模型。从造型设计开始到造型设想这个阶段,数字模型设计师将根据外型设计师的二维方案(草图,效果图,指导模型制作的视图)进行快速正向建模,如图4-20所示,再进入造型设想节点。

图4-17　外饰二维设计的细化过程

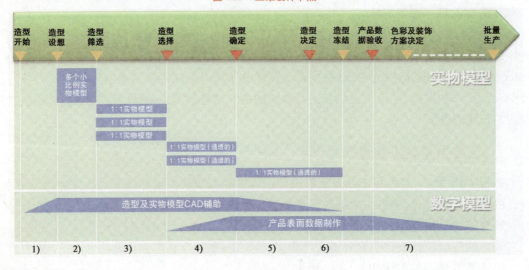

图4-19　外饰三维造型设计流程

图 4-20　快速正向建模

2）造型设想→造型筛选

在造型设想节点验收后,根据选定的多个二维外饰方案及数字模型,开始制作小比例外饰实物模型(图 4-21),这些小比例模型将在造型筛选时间节点进行评审,再对选定的模型表面进行激光扫描、测量,作为全尺寸实物模型的前期基础。图 4-22 展示了 Benz 的前设计总监(右)与主设计师(现任设计总监)对 S-Class 车型的一个 1:4 油泥模型进行阶段性评价的场景,可以清楚的看到,模型上已经用胶带贴出如何进行下一步修改。

图 4-21　多个小比例模型方案(捷豹 XK)

图 4-22　小比例模型评审现场

3）造型筛选→造型选择

这个阶段将制作 3 个全尺寸外饰实物模型(在资源充足的情况下可以增加模型数量);同时并行开展的数字模型工作主要是正向建模,辅助每一个实物模型制作相关零部件的三维数据。在造型选择时间节点对所有全尺寸模型进行评审,并从中选出两个方案作为下一步造型工作的基础。

全尺寸模型开始制作之前,通常会对小比例模型的表面进行数据扫描、处理,生成点云并放大还原成全尺寸比例,然后利用此数据在 3 轴或者 5 轴铣床下进行数控加工,如图 4-23 所示是对小比例油泥模型扫描后的点云,以及根据点云铣削 1:1 油泥模型的场景。目前,CAD、CAM 相结合的技术已普遍运用到全尺寸实物模型的初始制作中,大大提高了工作效率。

图 4-23　CAD + CAM

图4-24展示了Chevrolet-Camaro车型的油泥模型工作以及制作过程中阶段评审的场景。a)图为多个模型师共同完成模型制作。b)图为设计师内部正在进行模型阶段性评审,评审通常在户外宽阔的空间进行,这样可以保证在真实场景及光影条件下进行准确的观察、评价;对模型需要进行更改的地方,设计师先用胶带直接在模型上标记出来。c)图为模型展示评审前,设计师与模型师正在进行贴膜和贴线的装饰工作。d)图为设计师内部再次对模型进行阶段性评审。

图4-24　全尺寸油泥模型制作及评审场景

全尺寸模型工作期间会进行多次设计师内部的评审,主要评审人为造型总监,参加人员为相关设计师,根据需要也会邀请相关的工程人员参加。通过多次的阶段性评审,以保证模型的设计质量,并在时间节点进行正式评审,同时进行高质量的展示。正式评审时的主要评审人通常是公司的高层管理人员,参加人员的范围有设计、工程、市场等部门相关人员,展示的是经过喷漆等高质量修饰过的模型,在本阶段造型选择时间节点的外饰模型可以是不通透模型(车窗内的驾驶舱不可见),图4-21和图4-24中的模型都是不通透模型。

4)造型选择→造型确定

在经历了3选2的造型选择之后,造型工作也将不断深入:此阶段工程将越来越多的介入,除了对模型在造型设计上进一步优化,同时还要不断对模型的工程可行性进行检查,尽可能的让模型同时满足造型设计与工程的要求。此阶段的实物模型将在原来模型的基础上制作成通透模型(See Through),如图4-25所示。数字模型在此阶段除了继续进行实物模型辅助工作以外,还将启动表面数据的制作工作,而表面数据同时支持工程分析。到造型确定时间节点,将对此阶段完成的2个外型模型进行评审,选择其中1个方案模型作为下一步工作的基础。

5)造型确定→造型决定

对选中的方案模型继续进行造型及工程可行性优化。此阶段数字模型中造型辅助工作逐步减少,而产品表面数据量加大,汽车表面数据的制作在造型和工程之间的桥梁作用将凸显,如图4-26所示。到造型决定时间节点将对实物模型进行评审验收,同时辅助展示其数字模型,此时展示的模型将满足造型和工程的大部分要求,而此阶段验收通过的模型几乎与之后量产车的造型相差不大。

图 4-25 See Through 模型评审现场

图 4-26 造型确定后的表面数据制作（表面数据是造型设计与工程设计的桥梁）

在这里需要对汽车表面数据制作的桥梁作用进行说明，在实际设计工作中，特别在中后期阶段，造型与工程之间沟通的基础就是产品的表面数据。造型模型是否满足工程的要求，工程设计部门只能通过对表面数据的检查才能得出结论，根据工程的分析结果，造型设计部门将与工程设计部门讨论并达成一致的解决方案，出现的情况将是：造型设计部门在实物模型上进行更改以满足工程要求，或者工程设计部门更改技术方案以满足造型要求，再或者两个部门同时进行方案更改。造型设计部门更改完后将再次通过制作表面数据与工程设计部门进行沟通。经过不断优化，最终将使造型与工程同时满足要求。因此可以看到目前汽车表面数据制作在汽车开发中具有较为重要的作用，如图 4-27 所示。另外要提及的是在造型决定之后，通常汽车表面数据的制作工作将由经验丰富的造型设计师（兼具造型设计、工程、工艺、材料要求等多方面经验的设计师）进行陪伴，旨在控制产品表面数据更准确的反应实物模型的造型，同时与工程设计部门进行沟通、协调，解决造型与工程的矛盾。

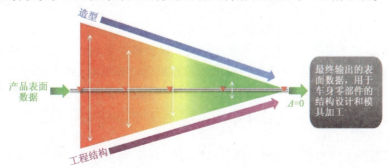

图 4-27 表面数据制作在整车研发过程中不断拉近造型与工程之间的距离

6）造型决定→造型冻结

这个阶段，实物模型在造型上不会有大的改动，只对其进行部分细节的造型优化以及根据工程可行性的要求进行部分修整。数字模型将进入逆向建模阶段。到造型冻结时间节点，将对最后优化完成的实物模型进行验收，同时辅助展示数字模型，如果不存在较大造型或工程上的问题，验收即可通过，造型的实物模型工作将到此冻结。

7）造型冻结→数据验收

造型冻结后，实物模型工作结束，接下来将是以数字模型为主的优化工作，直到数据验收。理论上，造型设计的外型三维工作就此告一段落。但实际上，一直到批量生产前，仍有可能还会由于生产制造或者质量等原因引起的部分表面数据更改工作。

汽车数据验收包含了对汽车的表面数据和结构数据的同时验收。这是整车研发中相当重要的验收节点，通常需要2次以上的验收工作。主要涉及造型设计、工程研发、生产规划等公司内部相关部门，同时相关的供应商也会参加。验收工作主要有：检查数据是否满足造型的要求；检查确认表面数据的质量；验证产品数据的工程及工艺可行性等一系列数据评审过程。

验收工作通常需要借助先进的数字软硬件设备和手段。图4-28展示了利用虚拟现实技术进行数据验收的场景：利用高分辨率、大屏幕背投显示设备，经过RTT等软件的实时渲染可以达到接近真车的逼真效果。绝大部分国际汽车制造厂商及国内部分如一汽大众、上海大众、一汽技术中心、上海通用等都拥有多个虚拟现实中心。

图4-28　最终数据验收

2. 内饰三维造型设计的流程

内饰与外饰的三维造型工作大同小异，内饰三维造型设计流程如图4-29所示。其主要区别在于内饰并不制作小比例模型，从造型开始到造型筛选主要以数字模型正向建模工作为主，造型筛选到造型选择这个阶段的全尺寸实物模型将主要制作内饰模型的前半段，即仪表台、副仪表台、前门板、前排座椅等主要内饰造型部分。在这之后，内、外饰的三维造型工作是一致的。图4-30和图4-31分别为全比例内饰模型和内饰实物模型及表面数据评审、验收场景。

3. 其他

大部分造型验收节点都是对外饰模型进行静态评价，而汽车除了停止状态，多数时间处在行驶状态，特别是汽车在低速行驶时也能够清楚观察汽车的外观。所以在造型确定之后，部分汽车公司会制作1~2辆动态评价的造型外饰模型样车，目的就是评价在低速行进的状态下汽车的造型。

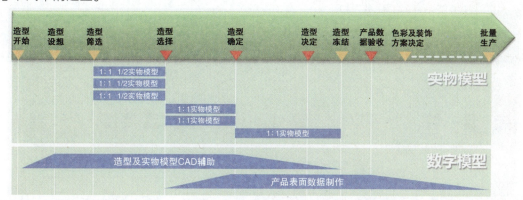

图 4-29　内饰三维造型设计流程

图 4-30　全比例内饰模型（从左到右依次是：1/2 模型、完整模型、装饰后实物模型）

图 4-31　内饰实物模型及表面数据评审、验收场景

除此之外，在造型决定的同时，部分汽车公司也会将汽车的内外饰造型模型用于用户调研：有在严格保密措施下进行的，也有以在车展上发布概念展车形式进行的。如图 4-32 所示左图是 Audi 公司在 2009 年在北美车展展出的 A7 概念车（模型），而右图则是 2011 年 A7 的量产车型。

图 4-32　Audi A7 的概念车与量产车

三、色彩及装饰设计工作流程

色彩及装饰设计工作于造型设想时间节点启动,主要进行的是前期方案开发,涉及内、外饰新颜色的开发、座椅面料方案、装饰条方案,这些方案将会以样板的形式展示,如图4-33所示。

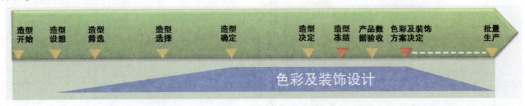

图4-33　汽车色彩及装饰设计工作流程图

设计工作进行到造型确定时间节点,将对上述开发的方案进行一次市场调研,根据调研的结果确定更改和优化方向。接下来进行色彩及装饰的装备定义,到造型冻结时将依托造型冻结的内外饰模型,对所有开发的内外饰颜色方案样板、内饰所有面料及装饰条的方案样板进行评审和选择。根据验收之后的结果,持续对已选方案进行优化和更改,直到色彩及装饰方案决定时间节点,再进行最后的验收,此时展示的所有方案将反映到实车模型、样件或样车上。

到此,色彩及装饰的主要开发和设计工作内容(图4-34)将告一段落,接下来一直到批量投产的时间段内,色彩设计师将主要配合工程师完成标准样板的认可工作以及相关样件质量跟踪检查工作。其中认可的标准样板将对之后批量生产的质量控制起到至关重要的作用。

图4-34　色彩及装饰设计工作内容

第五章　汽车造型二维设计

二维设计是汽车造型设计的前沿，也是为整个汽车造型设计奠定基础的至关重要的一步。本章将介绍二维设计的基本概念、创意方法、设计方法，以及部分操作技法。

第一节　二维设计的基本概念

一、二维设计的定义

汽车造型的二维设计是指在汽车造型设计的过程中，通过二维平面化的表达方式来进行创意表达、设计推敲的设计过程。设计师在这个设计过程的工作集中在二维平面内，通过对三维空间的想像力，将立体的创意及设计的形态表达出来。

二、二维设计的作用

二维设计位于造型设计流程的前沿，是设计之初的探索阶段。这个阶段中，设计师需要大量并快速的进行创意设计，寻找并尝试各种新颖的特征及造型元素。而二维设计正是设计师用来记录、表达、推敲、展示设计创意的过程，是设计师表达设计想法的语言。

灵感稍纵即逝，创意往往只是一些抽象或简单的具象形象，需要设计师快速地把创意记录下来，二维设计能很快地帮助设计师记录创意思考的过程。经过后续的探讨、推敲、演变、细化，将创意灵感演变为汽车的形态特征，并以清晰、明确且富有感染力的二维图片形式表达展示出来，为方案的决策者提供一个选择的对象，并为后续的工作提供一个明确的设计指导输入。

可以说，二维设计是为整个汽车设计奠定了一个基础和主线，后续的所有造型设计工作都是围绕着这条主线来开展的。

第二节　二维设计的创意方法

一、创意的来源

汽车的创意可以源于自然界、生活中的千万事物。这些事物中有具象的，如建筑、雕塑、结构、飞机、水滴、昆虫、鲨鱼、肌肉、笑容等；也有抽象的，比如蓄势待发的姿态、袅袅飘逸的轻风、旋律优美的音乐、宗教信仰、民俗风情等。这些都可以成为汽车创意的来源，汽车产品中以与惊奇创意而闻名的车型比比皆是，其中最具代表性的要数 VW-Beetle、Renault-Wind、BMW-Z4。

经典的 VW Beetle 车型，其创意就是来源于生活中常见的甲壳虫，圆润的造型和亮丽的色彩将这款车型演绎的轻盈灵动，时尚可爱，甲壳虫的创意不仅赋予了这款车型以生动的、极具亲和力的形态，同时也赋予了这款车极佳的空气动力性能，Beetle 的出现不但开创了汽车造型仿生学的先河，而且被评为 20 世纪最出色的设计之一，如图 5-1 所示。

图 5-1　VW-Beetle（1938 年）；VW-Beetle（2012 年）

Renault 公司在 2004 年推出的 Wind 概念车，以流动的风作为灵感，用流畅飘逸的线条来切割车身简洁的曲面，整个车身仿佛是一块被风吹动的丝绸一般，轻盈柔滑，动感飘逸，极具美感。这款车型飘逸的曲线曲面特征在很长时间内一直引领着汽车造型的潮流，如图 5-2 所示。

图 5-2　Renault-Wind_Concept

2003 年，BMW 品牌旗下的 Z4 跑车映入人们眼帘，其灵感则来源于短跑运动员起跑瞬间的姿态。在那个瞬间，运动员浑身肌肉处于最紧绷状态，身体上所有线条都呈现运动趋势，这样的线条在车身上也同样体现出了很强的爆发力，将车的良好动力性能体现的淋漓尽致，如图 5-3 所示。

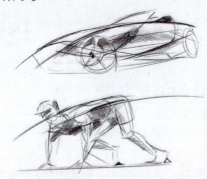

图 5-3　BMW-Z4

二、创意的方法

创意的来源对于设计师来说是一种启发、一个灵感。将灵感演绎成一个汽车造型创意的时候，设计师需要对灵感逐步进行理性的分析、提炼，找寻其本质、发掘其规律。具象的事物需要对其进行概括，提取主要特征，去除不必要的细节，然后再归纳演绎成汽车的造型特征；对于抽象的事物，要找出其之所以能打动人的关键，并思考什么样的形态能够带来同样的效果，然后付诸设计。简而言之，对创意的演绎就是将灵感具象化的过程。创意演绎的最终结果，就是将这些事物（创意来源）的特征精髓具象化，加以提炼转变为汽车造型的形态特征。

上文提到的采用风作为创意的 Wind 概念车，设计师通过逐步分析风的特征，最终提炼出来的就是具有风一样效果的柔美曲线和性感曲面。再例如 VW-UP 概念车，以极其纯粹、简练的设计语言给人耳目一新的感觉，而其创意来源却是一只普通的鸡蛋。设计师对创意来源——鸡蛋提炼的过程如图 5-4 所示。

图 5-4　VW-UP 创意设计的过程

如果以鸡蛋为灵感进行设计，最直接的方法就是在鸡蛋的形状上安上四个轮子，这个时候的车只能被称为鸡蛋形状的车，这是一种对创意最为直白和无意义的使用方式。

而当继续对鸡蛋的形状进行本质探求，会发现：鸡蛋其实具有一种很奇妙的形状，它是由一个非常完整、圆润饱满的曲面构成，轮廓极具弹性。因此，可以得出对鸡蛋创意的深层次的使用方式——饱满的曲面，弹性的线条。此时我们完成对鸡蛋创意的第一次本质探求。

光有这些结论还不够满足对于创意使用的要求，需要对创意来源进行更深入、更理性的探求。鸡蛋为什么会有如此饱满的曲面和弹性的轮廓？若从鸡蛋的侧面观察其曲面和轮廓，会发现鸡蛋的曲面是饱满中还具有一定的变化，曲面的曲率由上至下存在一种很规律的变化。同样，其轮廓曲线也不是标准圆形或是椭圆形，而是一条曲率变化十分规律的曲线，正是这样规律化曲率变换带来了如此弹性的曲面和曲线，并存在于鸡蛋的各个角度上。若把这种规律应用在汽车造型中，将曲面之间的曲率进行规律调整，则整车给人的感觉会在饱满中又赋有了弹性。

若再继续对鸡蛋表面进行本质探求，会发觉带来这种曲线曲面规律变化的原因，就是鸡蛋原本极致简洁的形态，这种形态非常纯粹，除了基本的曲面和轮廓本身外，没有任何多余的东西能被发觉。正因为这样一种纯粹的风格，使得鸡蛋的曲面和轮廓曲线能在各种状态下都保持一样的饱满、弹性和变化，而这样一种纯粹，才是鸡蛋这种物质带给设计师最为本质的感受——特征精髓。将这样一种纯粹的形态风格用到汽车造型中，就得到了 Up-Concept 现在的造型：简洁中略带变化，饱满中赋有弹性，这才是对鸡蛋灵感最完美的诠释。

三、创意的特质

（1）前瞻性。在第四章中已经介绍过新车型的开发一般需要3~5年时间，而造型设计工作正是前期环节且贯穿始终。所以设计师的创意应保证在几年后仍然不落伍，这需要设计师多观察、总结汽车造型的发展趋势，随时更新头脑中的创造性思维。

（2）理性美观。在设计过程中挑战工程师是设计师的一种乐趣，好的汽车创意不单只是美观，给人以强烈的视觉感观；还要理性、科学，创意的前提必须要满足工程和法规的要求，方便人使用。所以设计师的头脑中必须要有工程的基本意识。对于量产车设计师，需要了解和掌握汽车构造、人机工程学、空气动力学、材料成型工艺、装配方法及相关法规等。设计师通常在创意过程中会将工程结构方案也表达出来，如图5-5中所示的仪表设计。

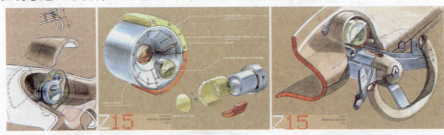

图5-5　仪表设计

（3）简约。多则惑，少则明。简约能将繁复、杂乱的事物用科学的、逻辑的方式进行简化、约束至最基本、极致的状态；或是对事物进行不断的深入分析、抽丝剥茧至最终的本质。这就是为什么任何事物都可能会过时，唯独简约的一直流行的原因。简约的造型能更理想地体现出曲线和曲面的微妙变化、体现出飘逸的动感、紧绷的爆发力，让车的个性更鲜明。

在实际设计中，人们容易将"简约"和"简单"混淆，但两者有很大区别："简单"是单方面的减少所出现的元素，这个"简"是没有目的和约束的"减"，这并不是汽车造型设计所需要的方法；"简约"则是在"简"的基础上还要"约"，即在简洁的基础上加以约束。汽车造型上的约束是针对各个造型元素，要求它们的风格统一、线与面彼此之间相互紧密联系、构成一个有机的整体，而不是零散、简单的堆砌元素。简约的汽车造型可以通过线条、曲面来概括；也可以通过类似的造型元素来呼应，如图5-6中概念车Saab-Aero-X。

图5-6　Saab-Aero-X_Concept（2006年）

第三节　二维设计的具体内容及方法

二维设计的表达形式很多，技法也有很多。

按照不同的功能及作用可大致分为创意草图设计、效果草图设计、效果图设计、胶带图设计等。每一种表现方式适用于不同的设计阶段，但是每个阶段会有部分的重叠。除了胶带图，其他几种分类本身是根据设计的进展节点相对区分的，没有明显界限。

按照表现技法不同可分为手绘设计、电脑软件辅助设计、手绘和电脑结合设计三种方式。

一、按功用分类

1. 创意草图

在设计初期头脑风暴的过程中,设计师会用快速表现草图来记录灵感。在进行创意设计过程中,设计师放松心态、拓展思路,绘制多个方向的探索草图,之后会从这些草图中筛选出数张关键草图(Key Sketch),作为下一步方案深入的切入点。

创意草图是对于创意以及造型风格的探索,可能只是一些杂乱的线条,或者一个粗略的特征,甚至看似与车无关。然而,正是这寥寥数笔为整车造型的风格和特征奠定了基调,之后的设计正是围绕着这些简单清晰的线条或特征展开的。可以说,创意草图是整个汽车设计的灵魂,如图 5-7 所示。

图 5-7 创意草图

2. 效果草图

创意草图是粗略概念化的构想,甚至还远不是车的形态。而设计师在有了初步造型构想之后,要将创意细化、具体化,效果草图就是设计师将创意具象化的设计推敲草图,如图 5-8 所示。这个过程需要设计师收起天马行空的思绪,不断地推敲创意在汽车形体上的体现方法,从各个视角去探讨整体与细节的形体,并逐步完善各个部分彼此之间的比例。

图 5-8　效果草图

3. 效果图

草图往往还比较潦草,没有过多的细节和细致的光影表达,只是设计师推敲设计的手段,主要用于设计师之间、设计师与模型师之间的交流探讨。而非造型设计的人员对于设计草图的理解,这会给设计师展示设计方案带来一定的难度,因此还需要设计师制作精良的效果图。

在效果图中,设计师要准确表达出所设计车型的形体及比例,这需要设计师对造型整体和细节有充分的理解,对光影、材质、色彩都有周全的考虑。效果图的表达形式可以类似照片一样的写实,或者很有感染力的渲染图,如图 5-9 所示。

4. 胶带图

胶带图主要用于指导油泥模型工作(见第六章)。设计师在 1:1 比例的工程布置图上,用不同宽度的模型专用胶带贴出的造型截面或特征。通过这种方法给出的造型截面,能够有效地避开工程硬点,同时也更便于油泥模型师更直观更充分地理解造型,是设计师与油泥模型师的沟通方法之一,胶带图及粘贴过程如图5-10所示。

图5-9 效果图

图5-10 胶带图及粘贴过程

二、按制作方法分类

1. 手绘设计

手绘设计是不借助电脑、只利用普通绘图工具（纸张、画笔、尺规等）进行草图、效果图表现。

常使用的纸张有普通打印纸、有色卡纸、马克笔纸、硫酸纸等；常使用的画笔包含彩铅（水溶性）、水性笔、油性笔、马克笔、色粉、喷枪、高光笔等；尺规有直线尺、曲线尺、椭圆板、蛇形尺等，其他常使用的工具还有美工刀、橡皮、胶带、漏网、修改液等，如图 5-11 所示。

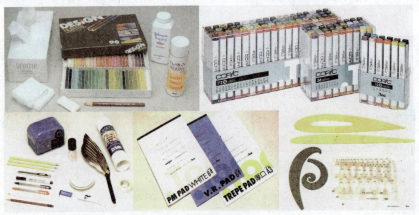

图 5-11　手绘设计工具

手绘设计由于所使用的工具很普通、易找到，对于快速记录、推敲灵感很便捷实用，多用在制作创意草图及效果草图。但由于手绘图不易修改，所以对设计师的基本功要求较高。设计师要对形体有较强的理解能力、对曲线有扎实的控制能力，尤其是在手绘效果图时，更是对设计师功底极大的考验。

2. 计算机辅助设计

计算机辅助设计是指借助电脑软件进行设计或者辅助设计的过程。可以将手绘的草图、效果图扫描至设计软件中进行渲染处理，或者直接在电脑中进行构思草图、效果图的设计。相对手绘设计，计算机辅助设计更多应用于草图着色，或者制作效果图。由于软件强大的编辑修改能力，能不断优化推敲造型，并添加更多手绘无法完成的细节，最后制作出的效果图往往能具有很强的感染力与精美的细节，对于效果图制作很适用。

目前常用的二维设计软件有 Adobe Photoshop（PS）、Adobe Illustrator（AI）、CorelDraw、Painter、Alias SketchBook 等，如图 5-12 所示。这些软件主要分为两类，即位图软件（如 PS、Painter、SketchBook 等）与矢量软件（如 AI、CorelDraw 等），两种软件的原理和使用方法完全不同。

图 5-12　二维设计软件

位图软件的原理是通过无数像素点的排列形成图案。由于每个像素点相对独立,且其色彩可以自由定义,因此能表现层次丰富的色彩与炫丽的效果。像素点越多也就意味着图像越大,所占的内存也就越大。由于像素点的数值是恒定的,位图放大后会模糊失真。由于操作灵活简单,原理更接近于手绘,便于思考和推敲,因此在造型设计的前期,一般更多会使用位图软件。

矢量软件的原理是通过路径勾画区域,并在其中填充色彩。路径可通过公式计算获得,其复杂程度决定图像的大小,因此矢量图所占内存较小,且只需调整路径便可编辑图案。矢量图形最大的优点是无论放大、缩小或旋转等不会失真;最大的缺点是难以表现出细腻的变化及色彩层次丰富的逼真图像效果。

配合软件的使用,计算机辅助设计的硬件也日趋成熟,使用方式越来越人性化。硬件主要向两个方向发展,一是功能越来越强大,并且操作高度集成;二是操作体验越来越接近手绘,二维设计硬件如图 5-13 所示。

图 5-13 二维设计硬件

在实际设计中,手绘设计和计算机辅助设计通常是相互结合进行的,先由设计师进行快速的手绘草图表达,再扫描至电脑中进行软件渲染润色,使画面细节丰富明了、更具有感染力。

3. 计算机辅助技法范例

计算机辅助设计的软件种类繁多,但所用的技法和原理基本一致,本节以 SketchBook 软件为例说明计算机辅助技法的基本原理和步骤(图 5-14)。

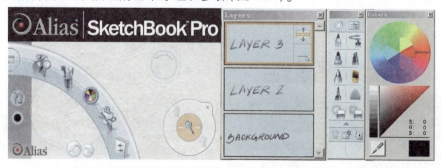

图 5-14 SketchBook 界面:菜单栏、缩放器、图层、画笔工具、选色界面

（1）步骤一，绘制线框。在软件中用黑色的笔触绘制清晰的线图，调整好比例、透视，并尽量将细节推敲清楚。然后将此线图层置于所有图层的最顶层，并保持置顶（图5-15）。

（2）步骤二，黑白分区。将线图划分为两个区域：车身区（车身、轮辋等）和阴影区（灯、格栅、轮胎、底盘、阴影、驾驶室的不透光区）。在线框图层下新建图层，用深色填充阴影区。这一步能大致预览整车的黑白效果，以便及时调整比例、透视等（图5-16）。

图5-15 步骤一

图5-16 步骤二

（3）步骤三，初上底色。将车身区分为车身和车窗两个部分，分别在阴影区图层下方新建图层，并填充相应底色。一般车身填充不透明的灰色或其他颜色，车窗则填充半透明的其他颜色（图5-17）。

（4）步骤四，设定光源。设定光源方向，并根据光源方向对底色图层进行加深或减淡，以体现车身在前、上、侧三个主要方向上具有整体明暗效果。此时车身初步呈现出立体的效果（图5-18）。

图5-17 步骤三

图5-18 步骤四

（5）步骤五，细化明暗。在步骤四的基础上，根据曲面的转折，推断出曲面的明暗关系。通过对颜色的加深减淡，表现出车身的具体曲面变化及特征棱线。此时车身有了完整的明暗立体效果（图5-19）。

（6）步骤六，添加反射。车身及车窗表面是具有反射效果的，可以反射高光或阴影。这一步在车身表面图层上分别新建高光反射图层以及阴影反射图层，并根据车身曲面和角度进行反射区域的设定；车窗的反射是在内饰外面的玻璃之上，所以车窗的阴影及高光图层需要添加在步骤二的图层之上。添加完反射后的车具有了光泽的质感（图5-20）。

图5-19 步骤五

图5-20 步骤六

(7)步骤七,添加细节。新建细节图层,完善车灯、后视镜、门把手、轮辋、格栅等细节,每个细节的制作过程都如上类似:先填充颜色,再细化明暗效果,最后添加反射和质感等(图5-21)。

(8)步骤八,冷暖润色。为了使车身效果更生动、更具立体感,可以给车身的曲面添加冷暖对比色调:向上的曲面反射天空的蓝色,可以添加蓝色或其他冷色调;向下的曲面反射大地或是夕阳的暖黄色,可以添加相反的暖色调。通过这一步骤,车身的色泽会更自然、更润泽(图5-22)。

图5-21 步骤七　　　　　　　　　　图5-22 步骤八

(9)步骤九,去线提亮。将置于顶层的线框图层隐藏,新建图层,并添加分缝线,将车身的部分特征线用高光提亮(图5-23)。

(10)步骤十,背景烘托。在所有图层的最下方新建图层,并绘制背景,背景的颜色要与车身区域分开,且不易太过复杂,要起到烘托车身的作用;添加的背景需要和车身表面的光影明暗和反射甚至色调相吻合,必要的时候可以在车身曲面上添加一些与背景呼应的元素,形成反射或是漫反射的效果;最后再整体调整、添加签名。至此,效果图便制作完成(图5-24)。

图5-23 步骤九　　　　　　　　　　图5-24 步骤十

第四节　二维设计中的逻辑思维应用

汽车整体风格与造型框架确定后,就需要把具体造型元素科学理性地放进框架中。造型元素包含很多,如轮廓、结构、风格、色彩、纹理等,这些都是汽车造型的重要组成部分,构成了汽车造型的重要特征。但若将这些元素各自单独设计,然后再简单地堆砌在车上,缺少配合,那么整车的造型风格就会混乱,即便每个造型元素本身设计得很出色,放在一起还是会显得造型杂乱无章,从而导致汽车形象低廉,丧失品牌价值。这就如同一台复杂的机器,齿轮之间若毫无关系,就无法传递动力,其价值就等于一堆废铁而已。只有具有相同的齿距,齿轮之间才能精密的咬合,并传递动力,而相同的齿间距就是齿轮之间共同拥有的理性逻辑规律。造型设计也一样,成熟的造型设计需要设计师具备理性的思维,能够找到一些具有缜密逻辑性的规律,从而确保各造型元素之间精密配合,最终形成一个有机整体,达到和谐统一,这样的造型才能经得起推敲,才是成功的造型。

一、呼应关系

何为呼应关系?以 VW-New Beetle 造型设计为例进行说明,如图 5-25 所示。

图 5-25　VW-New Beetle(2006 年)

　　看过这款车之后最深刻的印象莫过于其高度对称的前后造型。无论是前后车灯、前后轮拱、车顶弧线,还是前后舱盖等,New Beetle 的车身前后几乎所有部件的造型都完全相同;前后各部分的比例也几乎一致;简洁、饱满的曲面风格贯穿了整个车身;纯净、圆润的弧线随处可见。各造型元素的特征,甚至连分块的方式都高度一致,使得整车的造型浑然一体,仿佛整个造型是通过一个缜密的数学公式或者科学定律推导出来的。想把车身上的任何一部分单独分割开都会破坏这个公式的完整,打乱整个造型的逻辑完美,这种定律就是呼应关系。而这种逻辑性很强的呼应关系主要体现在风格统一、前后呼应、局部呼应和内外饰的呼应上。

1. 风格统一

　　风格统一是汽车造型最基本的规律,如圆润饱满、轻便灵巧、年轻动感、激情奔放、精锐进取、沉稳大气等。在设计输入阶段的造型定位中,风格的确定是整车造型设计的主导思想,需要贯穿设计流程的始终。曲线和曲面构建了整车的框架,因此曲线和曲面的走势及特征是确定整车风格的主要因素,保持它们在整车各部分的特征一致,就能保证整车风格的统一。

2. 前后呼应

　　前后呼应是在整体风格统一的前提下的具体造型要求,也是汽车造型最主要的逻辑规律之一。造型设计时,前脸和尾部是两处最为重要的造型区域,这两处在车身上处于前后对称的姿态,而且在其造型区域内有很多对称的功能要求,例如前后车灯、前后保险杠、前后车标、前后牌照板等。

　　前后呼应的逻辑关系在造型设计的过程中主要体现在以下几个方面:曲线及曲面的风格、走势、分块;前后车灯组合的颜色、轮廓及内部结构、材质;前进气口的形状与尾部扰流板形状;保险杠曲面的分块;以及一些细节方面的呼应等。

　　如图 5-26 中 New-Compact-Coupe 概念车就采用了前后造型呼应:车灯轮廓下边缘在内侧部位经过一个拐点上扬;车灯轮廓的左右两侧曲线平行,且均与轮拱处线条平行;车灯的内部结构也颇为神似，都带有一个锋利的颇具攻击性的"C"造型；从车灯下边缘的拐点，延伸出一个"U"形，包围着牌照版；保险杠下部的造型也异曲同工，均有一个长条的黑色梯形造型，从而增强了视觉攻击性；而且在梯形造型上部，保险杠曲面下边缘也同样都存在一个突起的薄薄唇面，增加了前后造型特征的统一。在造型风格上，前后都采用了较为锋利、立体感较强的曲面，上部的造型都采用"怒目"的形态，下部的造型均采用"咧嘴"的形态，均表达出了蓄势待发的攻击性姿态。

图 5-26　VW-New_Compact_Coupe_Concept（2010 年）

3. 局部呼应

除了在整体造型上的逻辑呼应，局部造型元素的呼应在现代汽车造型中也是常用的手法。这种呼应方法的前提是整体的设计风格已经确定，大的曲面、曲线走势已基本定型。在细节设计时由于各部分之间相对独立，就需要找出一个逻辑规律来使其能呼应统一。

最常见的细节呼应手法就是在相互独立的各个局部上使用同一种造型语言。例如同样一种图案，经过不同方式的演变，可以用在很多不同的区域，可以使用在前格栅内、轮辋上、车灯内部结构等。这样一种元素的呼应，会使造型的逻辑性更强，更充满理性。

如图 5-27 中概念车 E-tron，使用了富于变化的线条阵列造型。这种在家居和建筑设计

图 5-27　Audi-e-tron_Concept（2009 年）

中很时尚的造型元素在这款车上被使用的淋漓尽致：格栅、前车灯内部、前侧进气口、轮辋、侧窗后部进气口、门板进气口、后顶盖、尾灯内部结构、下扰流板以及部分的内饰造型上到处都能看到规律排布的线阵，构成了这款车的独特魅力。

4. 内外饰呼应

相比外饰鲜明的品牌特征，内饰一般不会给驾乘者太多的印象和明显的品牌差异感，这就使得内外饰造型相对独立，缺乏紧密的逻辑联系。对于一款车来说，驾乘者在车内的时间会远远多于观察其外饰的时间。因此，在汽车内饰设计过程中，加入一些外饰的特征元素，使其内外呼应、表里如一，增加内外饰造型的逻辑联系，才能更好地加强驾乘者对品牌的认知以及认同。

在外饰使用的某些造型元素，经过衍变、重新演绎，也可以在内饰造型设计中得以体现，相对外饰这些元素有更大的发挥空间。在内饰中有很多种可以体现造型元素的载体，如空间曲面的变化、各总成之间的组合关系、装饰条的纹理、面料的花纹、显示屏幕的图案等。将遍布在外饰上的造型特征在这些内饰载体中体现出来，对于品牌特征形象的树立，会有不可低估的优势。

如图 5-28 中 Taiki 概念车，其外饰以流动的风水作为灵感，设计了一系列律动的线条，这些线条构成的造型特征被应用在 Taiki 外饰的前、后、侧面，在各部位的整体和局部细节都有明显的体现。将这种律动柔美，仿佛微风轻抚的神韵传递给观众；当进入其驾驶舱的时候，环绕周围的依然是这种律动飘逸的柔美，仪表台本身的形态、门板上的曲线造型、仪表台与副仪表板及门板之间穿插形成的曲线造型、座椅的造型和面料、仪表上的图案等，都随时能唤醒驾乘者对外饰的回忆，和对这款车高度的品牌认同。

图 5-28　Mazda-Taiki_Concept（2007 年）

这种呼应关系的设计方法使汽车的造型更为缜密，逻辑感和品质感更强。按这种方法设计出的造型是经过理性推敲出来的、紧密联系的整体，而不是东拼西凑的大杂烩，能大大提升车型的品牌形象。对于设计工作者而言，当某一部分的设计工作基本定型之后，其他部分的设计只需在已经完成的造型中，找出一些规律，稍加演绎就可以设计出与之相搭配的造型。也可以在设计之初，就定义一个造型特征，分工给不同的设计师都围绕这个特定的造型特征同步的进行相应的设计，而不用担心最后冲突。既可使单个设计师减少设计工作量、降低设计难度，又可以节约开发时间，同时还能保证整车风格统一、提高整车品质感，一举多得。而达到这些所需要做的仅仅是在设计前定义一个用来呼应的规律；或者设计时，找出这个规律。

二、曲线配合

曲线是构成汽车造型的最重要设计元素之一,曲线构成了汽车的轮廓,划分了车身各个部分的比例,决定了整个车身的姿态,将车身上各种重要元素有机的组合在一起,成为一个整体。因此,曲线的美观以及合理也对汽车造型的美观和合理性起了决定作用。

当仔细观察一辆汽车时,会发现车身上的线条极其复杂繁多,有分缝线、边缘线、特征线、曲面与曲面之间的相交线;有清晰明显的,有被弱化的;有由始至终贯穿的,有由强而弱逐渐消失的,也有戛然而止的;有平行的,有相交的,也有看似毫无关系的。将这些线条在车身上美观、合理的组合在一起,也需要运用逻辑思维方式,找出这些曲线间可以遵循的逻辑配合规律。

如图 5-29 中 Jetta 车型的尾部,主要的水平特征线有 10 余条,主要的竖直特征线在一侧就有 7 条,这些线条构成了 Jetta 尾部的主要特征。如此众多的线条如果彼此之间没有关联,各有各的走势,恐怕这款车的尾部早已杂乱无章。然而这些曲线很具逻辑性的组合在一起,彼此之间相互约束、拓展延伸、丝毫没有凌乱的感觉,反而相互之间配合得井井有条,颇具理性美感。

图 5-29　VW-Jetta(2005 年)

1. 曲线之间的角度

曲线之间的走势关系在车身造型上具体体现为相交、夹角、平行三种(图 5-30)。在观察两条曲线时,按照惯性思维,观众会在心理上期待曲线间的交点,视觉上就会往交点的方向延伸。

相交曲线　　　夹角曲线　　　平行曲线

图 5-30　曲线之间走势关系

1) 相交线

相交的曲线之间并不存在逻辑关系,而且由于相交也会打断曲线本身的连续性和流畅感。观众在观察相交曲线时,视觉上会聚焦到交点上,而并不会对曲线走势在其他方向的延伸有所期待。即使两条线都很流畅,视觉的重心依然是交点,而不是线条的流畅。因此,除非一些工程因素要求,如门缝线、尾灯轮廓与后行李舱盖缝线等,在设计时应尽量避免使用相交线或弱化相交线给人们所带来的错误引导。

在处理相交线设计时,通常会通过强化其中一个线条,弱化另一条,这点在对于把风格定位在动感、流畅或大气的车型上更为重要。如图 5-31 中 Furai_Concept 的前脸曲线处理方式,红色的线条是最需要被强调的,所以造型设计时始终保持其流畅贯通;而蓝色的曲线则处于被弱化的位置。如此处理,即便两条线相交,也不会显得太过冲突,而视觉的焦点也只是红色曲线,而不是两条线的交点,保证了整个造型的流畅。

2) 夹角曲线

夹角曲线是指在可视范围内,没有相交,但存在一定夹角的曲线。曲线之间的距离会构成一种比较规律的由大致小的变化,这种规律变化会从心理上带来继续往交点方向延伸的期待,从而在视觉上产生一定的动感。如果两条曲线相距较近,为了避免相交,曲线之间的配合会趋于平行,动感会被减弱;若两条线之间跳跃的元素太多,动感也会被减弱。因此,夹角线条的运用需要有一个面积比例较大且其他元素较少的载体。汽车的侧面就成了这样理想的载体。

汽车的侧面多是贯穿前后的流畅线条,除门把手外没有多余的视觉上跳跃元素,夹角曲线会被用作为侧面主要的特征线,给整车带来动感。如图 5-32 所示,Fiesta 的腰线和裙线的配合就是夹角曲线,会让人很自然地联想到车在往两条线的交点方向飞驰,动感油然而生。

图 5-31　Mazda-Furai_Concept(2008 年)　　　图 5-32　Ford-Fiesta(2009 年)

3) 平行线

车身上的平行线是指满足视觉上平行关系的曲线组,与夹角曲线不一样,平行曲线之间的夹角一般很小,视觉上难以被察觉。但平行线也会被使用在车身侧面的主要特征线上。此时两条线之间的距离中间略高,线之间的交点会在无限远处,观众在心理上对于无限远处交点的期待,会使车在视觉上更长。忽略了线间距的变化,稳定感会占据主导。这样的侧面特征线对于追求稳重大气的高级车,无疑是最好的选择,如图 5-33 所示。

图 5-33　Rolls-Royce-Ghost(2010 年)

越细微的地方越是能体现精致品质的舞台,如同男士对精密的手表的钟爱一样,汽车作为一部机器,在造型细节处的设计也要能体现出其精密的品质,这就需要细节造型能像手表般缜密,具有强大的逻辑关系。

2. 曲线之间的平行配合

平行是所有线条之间走势关系中最具逻辑联系、最为理性的配合方式,平行能很好地增强造型的品质感。但汽车是个庞大而复杂的形体,不可能所有的线条都能做到平行,相交和成角在所难免。如何将这两种逻辑性较弱的配合方式优化成具有一定的逻辑、理性化的配合方式就成了对设计师的考验。一旦配合不好,各个造型语言之间就会松散、失去秩序,失去了理性,造型也就变得苍白,没有品质感可言。

1)曲线间平行优化

既然平行关系是使造型更具逻辑和理性的曲线配合方式,不妨就把相交曲线和夹角曲线向平行的趋势上进行优化。图 5-34 展示了 6 种曲线的优化方式:

优化方式1,改变曲线在相交后的走势,使其相交后继续延伸的线条与被交的曲线平行,这样也可以增强两条线之间的逻辑联系,也更为理性;

优化方式2,对于夹角曲线,可以使其一端配合另一条曲线,改变走向与之平行,以达到逻辑理性化的效果。

优化方式3,两条不同曲率未相交的曲线之间,也可以使其中曲率较小的一条曲线在靠近另一条的区域,改变其曲率,使两条线具有平行的趋势。

优化方式4,两条曲线需要相切时,改变小曲率曲线的走势,使之部分重合,或平行于另一条曲线。

优化方式5,两条曲线两次相交,构成一个类似三角形封闭区域时,改变其中曲率较小的曲线被相交后的封闭段曲线走势,使之平行于另一条曲线,使三角形更趋近于梯形。

优化方式6,两条曲率相近的不相交曲线,改变其中一条,使两条趋于平行。

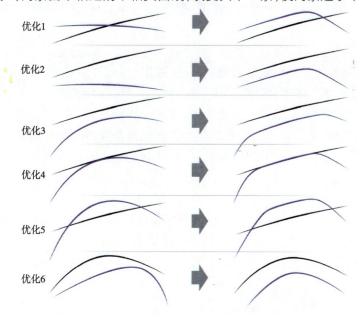

图 5-34 曲线优化方式

2)平行间赋予变化

由于曲线在三维空间内的多变,在汽车造型上很难做到绝对平行,所以对平行的定义要求得不像数学那么苛刻。当两条平行线之间发生一点规律性的变化,也会给造型带来一点活力。当平行线中的一条改变一下位置或走势,使其中间部位或某一方向更靠近另一条曲线,两条平行的曲线之间的平衡就被两条线间规律变化的间距所取代,仍然是永不相交的曲线,只是两条曲线之间距离由一个常数演变成了一个简单的数学公式,在保持精密的逻辑联系前提下又多了一些变化，两条线之间所构成的曲面也会更富有弹性、更为生动，如图 5-35 所示。

图 5-35 平行曲线优化方式

图 5-36 中 Furai 概念车在曲线的配合上是个很好的例子。在 Furai 的前脸上可以发现很多的平行线：发动机舱盖前端上部的折线与下部的折线以及与前风窗下沿的折线平行；轮拱的曲线、侧腰线延伸至前发动机舱盖的曲线、侧风窗延伸至发动机舱盖前端的曲线之间也是平行关系；贯穿两侧并一直延续到下方的五条曲线中有相交，有夹角，但最后都在中间形成一组规律变化的平行线，且主次分明，飘逸流畅。虽然曲线间各自有各自的不同走势，但又相互协调、密不可分，仿佛这些优美的曲线是通过同一组严谨的数学公式计算推导得出的，使得 Furai 的前脸造型彰显出缜密、律动、理性的特征，同时又不乏激情。

图 5-36 等距平行线和变距平行线在 Mazda-Furai_Concept_2008 前脸中的运用

三、曲线归纳

汽车上的部件众多，在前部就有发动机舱盖、左右前照灯、上格栅、下进气口、下部两侧进气口、两侧雾灯、两侧防擦条、保险杠、翼子板等。在对这些部件进行设计的时候，必须要统筹规划，找出这些部件之间相互的配合关系，并简化这种关系，尽可能使用简洁的线条作为逻辑将这些造型部件关联起来。这些简洁的线条就是整车特征的计算公式，而各部件的形状就是这些计算公式计算出的结果。用来归纳逻辑的线条越少越简练，整车的造型就越简约，逻辑感和理性美就越强。

如图 5-37 中对 VW-Passat 的前脸进行特征提取，可以发现：仅仅用三条线条就可归纳概括出前脸所有的设计元素；这些曲线继续延伸至侧面进行归纳，最终形成了 VW 特有的逻辑性很强的造型特征，简约而不简单。这种概括归纳的方式，使车身形成了一个缜密的整体，不仅能很好地提升汽车的品质感，也有助于树立一个品牌的造型语言和品牌形象。

图 5-37 VW-Passat（2006 年）

第六章 汽车造型三维设计

第一节 汽车造型三维设计概述

三维设计是指设计模型的制作过程。设计模型的制作是将设计师的设计意图由二维转换成三维,从而更加直观、准确地展现设计师的设计意图。

一、模型师的定义

模型师是制作设计模型的工作者。早期的汽车模型大多用木材或金属制造,从事类似工作的人称为"木模工"或者"钣金工"。而从美国密执安州底特律的设计模型使用油泥开始,这种职业有了确切的名称——油泥模型师。20世纪90年代初,随着CAD技术的引入和发展,模型师涵盖的内容变得更加丰富,包括数字模型师、油泥模型师以及硬质模型师。

二、模型师的任务

模型师的任务是将二维设计变成直观的三维数字或者实物模型。这要求模型师储备设计知识,提高自身技能,配合设计师甚至帮助设计师完成这个二维到三维的转换过程。在设计的不同阶段,模型师的任务也有所不同:

设计初期,模型师的主要任务是快速将设计师的创意变成三维数字模型或者实物模型,以观察方案整体比例和主要尺寸。就如同设计师绘制快速草图,这个阶段最重要的要求是"快速":频繁与设计师交流,快速尝试各种方案,不必计较模型的表面质量。

设计中期,模型师的主要任务是对线和面的推敲,进一步捕捉设计师的设计灵感,优化曲线、曲面的过渡与连接,通过设计美学知识求解和优化效果图中表达不清晰的线、面。就如同设计师绘制效果图,这个阶段的要求是对方案不断的"改进"和"优化"。

设计后期,模型师的主要任务是对模型的精雕细琢,通过各种手段检查模型的表面质量,修正细小的缺陷,进行附件的制作和装饰。就如同设计师对效果图最后渲染,这个阶段的要求是"精准"和"逼真"。

三、设计师和模型师的交流

制作设计模型的过程是一个对二维效果图再创作的过程,由设计师和模型师共同完成。在这个再创作过程中,为了让模型师不偏离设计师的设计意图,需要两者之间进行充分交流,这种交流包含感性交流和理性交流。感性交流是为了让设计师和模型师对其共同作品有相似甚至相同的想像能力,这要求设计师和模型师共同走出设计室,在生活中探索和了解对方的感性思维,直到双方可以默契地完成创作和设计。理性交流是建立在双方良好的感性交流基础上,交流方式包括草图、效果图、截面图、胶带图甚至是CAD软件中的曲线轮廓,设计师通过这些二维图尽可能展现自己想像中的三维形状,而模型师则通过对这些二维图理解、想像制作出三维立体形状,这要求模型师对造型形体具有相当的感悟能力和动手能力,以及对二维图中含糊的曲面再创作能力。

四、设计模型的制作方法

汽车造型的设计模型分为数字模型和实物模型两大类,实物模型又分为油泥模型以及硬质模型。数字模型是应用CAD软件在计算机中完成的三维电脑影像;油泥模型是以油泥为原材料,由模型师手工完成的实物模型;硬质模型是以树脂等硬材料为原材料,由模型师手工或应用CAM技术完成的实物模型。

CAD(Computer Aided Design)也叫CAS(Computer Aided Styling),即计算机辅助设计或者计算机辅助造型,是在计算机中应用各种三维软件来完成二维到三维的数据转换。CAM(Computer Aided Manufacturing),即计算机辅助制造,是利用计算机来进行生产设备管理控制和操作,其核心是计算机数值控制(简称数控),是将计算机应用于生产制造的过程或系统。狭义上,CAM技术就是使用数控设备将CAD数字模型加工出来。

CAD和CAM技术的应用,大大缩减了三维设计过程的成本和周期。首先CAD数字模型的制作时间远远少于油泥模型,其次计算机虚拟显示技术和实时渲染技术也可以使三维数据产生逼真的立体影像供评审(在第九章中详细介绍),于是一些规模较小的汽车企业便逐渐放弃了油泥模型的制作,在评审完CAD数据后直接通过CAM技术制作硬质模型,再经手工修整后就冻结造型设计,但由于虚拟现实技术再逼真也是对环境、自然光以及材质的一种近似模拟,由于光线和材质的细微不同,眼睛感受到的曲面形态就会产生偏差,其最终实物效果则不能尽善尽美。因此,对于大规模的企业,尤其在量产车的开发中仍坚持油泥模型的制作。

第二节　CAD数字模型

CAD技术的基础是计算机图形学,在计算机图形学中,制作三维数字模型的方法主要有两种:曲面建模法和多边形建模法。曲面建模法的特点是物体表面由多个四边形面拼接而成,表面光顺,可以与CAD软件很好地交换数据,其中最常用的是NURBS建模。多边形建模法,又叫Polygon建模,是将物体表面细分成很多可调整的多边形平面,通过调整多边形来调整物体的形状,这种方法的特点是物体有一个完整的整体,不存在面片间的无缝拼接问题,但是曲面只能无限接近光滑(数据量也会无限增大),却不能真正光滑。而近些年逐渐流行的细分曲面建模法,实际上是多边形建模法的进化,它结合了NURBS建模的光滑显示和多边形建模易编辑的优点,也被称为"数字油泥",但因为后期难以进行参数化的编辑设计,在汽车设计行业还没有被广泛应用。

一、数字模型常用软件介绍

1. Alias简介

Autodesk Alias StudioTools软件是目前最先进、最专业的工业造型设计软件。Alias软件包括 Studio/paint、Design/Studio、Studio、Surface/Studio 和 AutoStudio 5 个部分，提供了从草图绘制到最终模型制作的各个阶段设计工具。传统的 CAD 软件提供给设计师的曲线、曲面处理工具有限，不能完全满足造型设计师的需要。Alias 软件从本质上区别于传统 CAD 软件的参数化设计，给予设计师外形设计充分的自由度以及更高的工作效率。Alias 软件巧妙地将设计与工程，艺术和科学连接起来，将设计、创意与生产一元化。

2. Rhino 简介

Rhino3D NURBS 简称 Rhino，中文名称"犀牛"，由美国 Robert McNeel 公司于 1998 年推出，是一款功能强大、涵盖全部 NURBS 建模功能的高级建模软件。其优点是安装文件较小，对计算机硬件要求较低，可以在 Windows 系统中建立、编辑、分析、转换 NURBS 曲线、曲面及实体，不受复杂度、阶数及尺寸的限制，完全达到设计、快速成形、工程、分析及制造的精确度要求，同时支持多边形网格和点云，被称为"平民化"的高端软件。Rhino 还引入了 Flamingo 及 BMRT 等渲染器，使其图像的真实品质非常接近高端渲染器。所以 Rhino 不但应用于 CAD、CAM 等工业设计中，还应用于各种卡通设计、场景制作及广告设计中，其人性化的操作流程让设计人员爱不释手，也为学习 Alias 打下良好基础。

3. CATIA 简介

CATIA（Computer Aided Tri-Dimensional Interface Application）是法国 Dassault System 公司旗下的 CAD/CAE/CAM 一体化软件。1982 年到 1988 年间，该公司相继发布了 CATIA 1、2、3 版本；并于 1993 年发布了功能强大的 CATIA4 版本；现今的 CATIA 软件主要分为 V4 和 V5 版本两个系列，V4 版本应用于 UNIX 平台，V5 版本应用于 UNIX 和 Windows 两种平台。现在最新版本为 CATIA-V6。CATIA 软件广泛应用于航空航天、汽车制造、造船、机械制造、电子\电器、消费品行业，它的集成解决方案覆盖所有产品设计与生产制造领域。CATIA 是一款多模块软件，在三维数模制作中主要使用其 Shape design & Styling 模块，该模块可以完成所有曲线、曲面操作，连续性达到 G2，其中的 Automotive Class A 可以达到 G3 连续。

二、CAD 软件建模的基本知识

本节以 Alias AutoStudio 软件为示范，介绍 NURBS 建模方法。其他软件的建模方法和原理与 Alias 相似，区别在于软件的操作和工具的使用方法。

1. NURBS 定义

NURBS（Non-Uniform Rational B-Splines），即非均匀有理 B 样条。

Non-Uniform（非均匀性）：指一个控制顶点的影响力范围能够改变。当创建一个不规则曲面时这一点非常有用。

Rational（有理）：指每个 NURBS 物体都可以用有理多项式来定义。

B-Spline（B 样条）：指曲线由多个 B 样条片断组成的参数化表示的多项式曲线组成。是一种通用的曲线数学表达法，在现代计算机辅助设计中应用较为广泛。

国际标准化组织（ISO）1991 年颁布的工业产品数据交换标准 STEP 中，将 NURBS 作为定义工业产品几何形状的唯一数学方法。目前，Bezier、有理 Bezier、均匀 B 样条和非均匀 B 样条都被统一到 NURBS 中。

2. NURBS 曲线

如图 6-1 所示为一条 NURBS 曲线，曲线由控制点（Control Vertices，以下简称为 CVs）和编辑点(Edit Points)共同定义。

控制点(CVs):不在曲线上(曲线两个端点除外),并且由壳(Hull)连接在一起。第一个 CVs 用正方形表示,第二个 CVs 则用"U"表示,可以清楚知道曲线的方向。

编辑点(EPs):在曲线上。每两个 EPs 之间称为曲线片段或曲间(Span)。每个 Span 都由一个数学表达式来定义,故曲线包含越多 Span 则运算效率越低,因而在保证造型的前提下应尽量减少 Span 数。

曲线的阶数(Degree 值):曲线方程式中最大指数。当 Degree 值=1 时,曲线是直线(Linear);当 Degree 值=2 时,曲线是圆弧或抛物线等二次曲线(Quadratic);当 Degree 值≥3 时,曲线是自由曲线。Degree 值越大,曲线受 CVs 影响越小,曲率变化越平缓,曲线也就越光顺,但曲线运算时间则越长。在实际设计工作中,应该根据具体情况来适当选择曲线的 Degree 值,对于汽车设计的表面数据,通常选取 Degree 值为 3 或 5,最高不超过 7。

此外对于曲线只有 1 个 Span 的情况,Degree 值还与曲线 CVs 数目有关。一条曲线最少有 Degree 值+1 个 CVs,如图 6-2 所示,左面曲线 Degree 值=3 的,具有 4 个 CVs;右面曲线 Degree 值=5,具有 6 个 CVs。

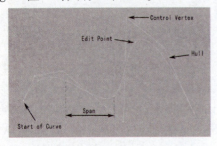

图 6-1　NURBS 曲线　　　　　　　图 6-2　NURBS 曲线

在设计工作中,提高曲线质量的重要一点是使用最简单的曲线。而最简单的曲线就是在保证造型要求的前提下,使曲线具有最少的 Span 和 CVs,因为太多 CVs 会使曲线变得复杂,也容易破坏曲线光顺度。

3. NURBS 曲线的连续性(Continuity)

NURBS 曲线的连续性分为 0 阶连续(G0)、1 阶连续(G1)、2 阶连续(G2)、3 阶连续(G3),是描述两个或多个曲面、曲线之间相连部分的平滑程度。

G0 连续(点连续 Position):是指两条曲线在端点处重合,但切线方向不同,连接处有尖角,连接点曲率梳的方向不一致。即两条曲线仅在端点处具有相同的空间坐标,如图 6-3a)所示。设计师可通过调节曲线端点处的 CVs 使曲线重合并达到 G0 连续。

G1 连续(相切连续 Tangency):是指两条曲线在端点处重合,切线方向相同,连接处平滑无尖角,但有较明显的转折,连接点处曲率梳的方向一致,但大小不同。即两条曲线在重合点处具有一阶导数,如图 6-3b)所示。设计师可调节曲线前两个 CVs,第一个 CVs 使两条曲线重合,若第二个 CVs 和连接点在一条直线上,则曲线可达到 G1 连续。

G2 连续(曲率连续 Curvature):是指两条曲线在端点处重合,切线方向、曲率相同,连接处平滑无尖角,无明显的转折,连接点处曲率梳的方向和大小都相同,即两条曲线在重合点处具有二阶导数,如图 6-4a)所示。设计师可调节曲线前三个 CVs,首先使曲线达到 G1 连续,再调节第三个 CVs,使两条曲线在连接处曲率一致,则可达到 G2 连续。

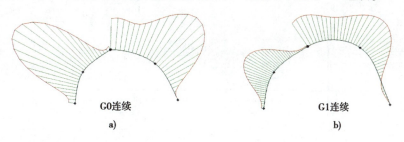

图 6-3　NURBS 曲线 G0、G1 连续

G3 连续(曲率相切连续):是指两条曲线在端点处重合,不仅曲率相同,而且曲率的变化率也相同,连接处更加平滑过渡(视觉上无法分辨出和 G2 连续的差别),连接点处曲率梳的方向和大小都相同,且也光滑连接,即两条曲线在重合点处具有三阶导数,如图 6-4b)所示。设计师可先将曲线调节到 G2 连续,再调节第四个 CVs,使两条曲线在连接处曲率变化率一致,则可达到 G3 连续。

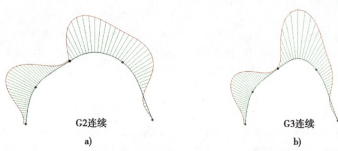

图 6-4　NURBS 曲线 G1、G2 连续

StudioTools 中使用 Blend Curve 工具最高可以做出 G4 连续的曲线,即曲线曲率的变化率相同。在实际设计工作中一般 G2 连续就可以满足视觉和生产上的需要,过于追求高阶的连续性会使数据量过大,设计效率降低。

三、汽车造型三维表面数据制作

三维表面数据必须在整车坐标系下制作,以便与总布置数据进行比较。

1. 导入三视图及总布置数据

将汽车三视图分别导入软件各视图中,调整其大小与真实尺寸一致,这是三维数据制作的依据。汽车三视图(图 6-5)等同于早先的胶带图,应包含一定的总布置信息,由设计师按照总布置图绘制,并考虑造型关键点,关键点的确定需要设计师、模型师和总布置工程师协作完成。三视图导入后,在软件里可以简单方便地进行上述关键点的校核,对于不满足的地方可以在下一步"绘制特征线"中进行细微调整。

2. 绘制特征线

绘制特征曲线非常重要,是将三视图三维化的过程。通常从侧视图开始绘制(侧视图中定义了整车的大多数特征),然后在前后视图和顶视图中增加宽度信息。完成的三维线框数模应由设计师来确认其是否满足设计要求,以避免后续曲面建模时反复修改。

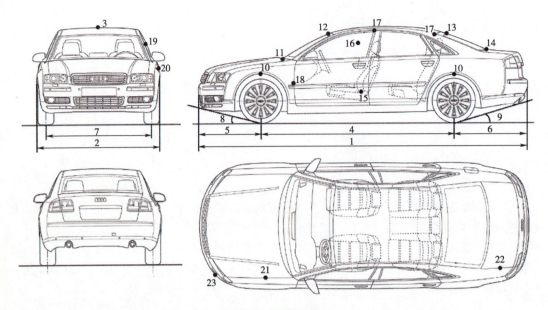

图 6-5 汽车三视图

1-总长;2-总宽;3-总高;4-轴距;5-前悬;6-后悬;7-轮距;8-接近角;9-离去角;10-轮口;11-前风窗下中心点;12-顶盖前中心点;13-顶盖后中心点;14-后风窗下中心点;15-H 点;16-眼点;17-头部空间;18-门口前端线;19-侧窗曲率;20-车门断面;21-发动机舱盖缝线;22-行李舱盖缝线;23-保险杠转角突出量

3. 曲面的划分

现代汽车表面非常复杂,正向建模应具有一定的条理性和计划性,以保证曲面的质量并减少重做的几率。在曲面制作过程中应先仔细观察各个角度效果图,对方案的形态、曲面的走势以及各曲面间的关系有深刻理解;再进行合理的曲面划分、制作计划,这点对初学者非常重要。划分曲面主要有以下三个基本原则:

(1)标准 NURBS 曲面由四条边构成,应尽量将表面划分成四边形,避免三角形和其他多边形。

(2)在保证造型特征前提下,尽量减少曲面数量,既可提高制作效率又可提高模型质量。

(3)模型上曲率变化较剧烈处应尽量单独划分出来。在建模过程中曲率变化较小,即较平坦的面称之为模型基本面;曲率变化较剧烈,用来连接基本面的面,称之为过渡面。

图 6-6 曲面划分

制定曲面划分计划后便可开始制作模型的基本面。本节以在 Alias 软件中曲面划分方法为例,选择图 6-6 中车型进行详细介绍。

1)制作基本面

制作基本面步骤中通常先制作顶部曲面,因为在侧视图和顶视图中最容易确定顶部曲面的信息,然后制作前部、后部、侧面的基本面。在 Alias 软件中,先使用 Square Control 工具,通过 4 条特征曲线生成四边曲面,然后检查曲面的形态和质量,通过 Hull Planarize 工具手动调整 CV 点,通过斑马线和曲率梳的检查,使曲面达到合理状态。CV 点的排布非常重要,它直接影响曲面质量。

基本面对于建模非常重要,它们决定了整个模型的比例和形态,也直接影响之后过渡面的制作。完美的曲面首先应完全满足设计师设计形体的要求,然后是曲面光顺性的要求,绝不能因为曲面的光顺性而牺牲形体的表达。因此,在此阶段模型师要与设计师保持良好的沟通,使基本面的形态符合设计要求;同时也要注意总布置的各种要求和限制,因为后期再要调整基本面,带来的重复工作将是非常巨大的。

2) 制作过渡面

过渡面的制作是难点,要制作高质量的过渡面首先要了解其两个基本面的构造原理及相互关系,实际上基本面的相互关系只有两种:可延长相交和不可相交。

对于两个可延长相交的基本面,首先要调整基本面,使二者的相交线光顺(图6-7a);然后进行裁切,剪裁时要保证两个基本面的裁切线与相交线距离基本相同且变化均匀(图6-7b);再通过 Freeform Blend 工具制作过渡面;或者使用曲线定义出截面线,之后使用 Square 工具生成4边曲面(图6-7c)。这种方法可以较容易的制作出高质量的过渡面。但若造型有特殊要求,就不能采用此方法。

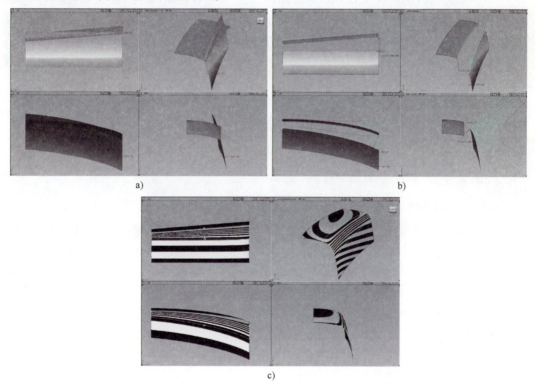

图6-7 制作过渡面1

对于没有交线的两个基本面,首先要保证两个基本面的质量、高光和曲率梳都要自然均匀;然后尽量保证两个基本面的边界(或裁切线)之间的距离变化均匀(图6-8a);再通过 Freeform Blend 工具制作过渡面,或者使用曲线定义出截面线;之后使用 Square 工具生成4边曲面(图6-8b);最后通过调整 CV 点保证过渡面和基本面的连续性。

3) 细节制作

车身基本面的制作完成后要进行细节制作,细节制作主要包括翻边和圆角的制作,还有隔栅、车灯、后视镜、防擦条、门扣手等零部件的制作。车身表面质量的好坏也会影响细节制作。细节制作得越完善,模型看起来就越逼真。

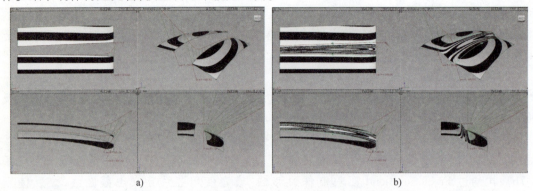

图 6-8　制作过渡面 2

在汽车造型设计的不同阶段,CAD 数据的用途不同,对细节制作的要求也有所不同。在设计初级阶段,并不需要大量的细节制作,甚至不需要较高的车身表面质量,这个时期的 CAD 数据主要用来对造型方案的探讨和油泥模型的 CAM 加工;而在造型设计后期,各种零部件需要以较高的质量制作出来,然后通过 CAM 设备制作出硬质模型,装饰在油泥模型上。

第三节　油泥模型的制作

一、油泥模型制作的场所、材料、工具、设备

1. 模型室(模型间)

考虑到全尺寸模型的重量、体积比较大,以及模型搬运的方便性,模型室通常设计在 1 楼;其前或后配有一个较大的露天广场以方便模型在自然环境中展示及评价。模型室内较大较平;地面配有可升降平台;高度通常在 5~7m;照度应接近实验室标准,达到 500Lx(勒克斯);顶部和侧面设置间距 0.5~1m 的日光灯带(800M~1200M 度),这些灯带可以保证模型制作时无阴影存在,同时也可在模型表面形成类似 CAD 软件中的斑马线,方便检验模型表面质量,如图 6-9 所示。

2. 油泥模型材料

1) 油泥

工业油泥出现后很快取代了其他模型材料,被广泛应用于汽车造型设计中实物模型的制作。油泥主要成分包括:9%~10% 的石蜡、50%~55% 的黏土、9%~10% 的灰料、20%~25% 的油脂、少许树脂及少许色料。

工业油泥(图 6-10)具有易存放、易塑形、精密度高、洁净环保的特点。油泥模型表面防水,不易被氧化,可存储在常温下。油泥对温度敏感,常温下质地坚硬细致,可以刮削成型;加热后会变软,便于填敷、塑形及修补。不同种类、不同品牌的油泥加热软化温度不同(应参照使用说明使用),大多数都在 55~65℃ 之间。温度过高,会导致油泥成分分离、性能失效

甚至会释放出有毒物质;温度过低,会导致油泥软化程度不够、填敷困难、黏合性能不好。

图6-9　模型室

图6-10　工业油泥

工业油泥的缺点之一就是随着温度的变化其体积并不是非常稳定。在20～25℃时其膨胀系数较小且稳定,当温度低于20℃时,其膨胀系数有很大提高。这就要求制作或存放油泥模型的环境温度必须控制在20～25℃之间,如果低于20℃,油泥模型会出现开裂现象。

目前应用较多的工业油泥品牌有:日本Too.、德国STAEDTLER、美国Chavant,以及价格相对便宜的国产油泥。优质的工业油泥要满足以下几个要求:

(1) 各批次的颜色要保证完全一致,以避免模型出现色差。

(2) 随温度变化伸缩性小,体积稳定,保证模型不易开裂。

(3) 黏性和硬度之间具有良好的平衡,既容易填敷,又不能太软、太黏而粘在刮刀和手上。

(4) 质地细腻,易刮削,能保持清晰的棱线。

(5) 少硫少有害物质,少刺激性气味,环保无损身体健康。

(6) 密度较低,减轻模型重量,即易于搬运又不易开裂。

2) 其他材料(表6-1)

其他材料　　　　　　　　　　　　　　　表6-1

材　料	特　性	用　途
木板,胶合板,细木工板,密度板		模型骨架和较大样板的制作
ABS塑料板(不同厚度)		主要用于制作各种规格样板
聚氯乙烯泡沫,聚苯乙烯泡沫	质量轻,易切削和粘接	主要用于模芯制作
纸胶带	黏性较强,不易转弯。通常最窄为3mm规格	模型制作贴线
IC胶带	黏性较弱,易转弯,颜色丰富,0.5～15mm	胶带图用
DINOC膜	背胶,延展性好	模型表面装饰
喷胶		粘零件效果图于模型表面进行装饰

3. 模型工具

制作油泥模型与制作其他雕塑的手工工具类似,而且几十年都没什么变化。通常初学者都是使用标准的成品工具,有经验的模型师会根据自己的习惯来自己动手制作最适合的、独特的工具。

1) 刮刀

刮刀也叫挠子,由钢制刮片和木柄组成,是最常用的工具之一。平面刮刀用来刮削平面或平缓的曲面,不同尺寸刮刀用于不同尺寸的曲面;带齿的平面刮刀,切削端不会吃进过多油泥,切削非常顺滑,也不易在油泥表面留下波痕,可以快速刮削表面;三角刮刀用于较小表面、根部等平面刮刀刮不到的地方;圆形刮刀多用于内 R 角或者凹面,由于切削端与油泥接触面积较小,切削阻力较小,因此也用于大于 2mm 刮削量的刮削,如图 6-11 所示。

图 6-11　油泥刮刀

2) 钢丝刮刀

钢丝刮刀是由弯曲的钢丝和木柄组成的,制作其他雕塑也常用这种工具。上部是平直的钢丝刃,有两个棱角,另一端为 U 形,易于去泥和制作凹面,如图 6-12 所示。钢丝刮刀用于完成细节、棱边以及清理根部。

3) 刮片

刮片由弹性钢片制成,现在也有使用由碳纤维板材制作的,主要用于精刮和光顺表面。最常见的刮片为矩形刮片,一般厚度分 1.00mm、0.50mm、0.30mm、0.20mm、0.08mm 几种,同时,模型师也可根据经验和习惯在钢板或碳纤维板材上直接裁制、制作异形刮片以方便自己使用,如图 6-13 所示。

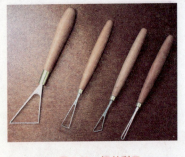

图 6-12　钢丝刮刀

4) 刮刨

油泥模型的刮刨和普通刮刨原理一致,只是刨刃和形状有些许区别,能够快速去除油泥,通常用于粗刮、快速制作草模,如图 6-14 所示。根据模型师的使用习惯不同,手柄也有多种形式。

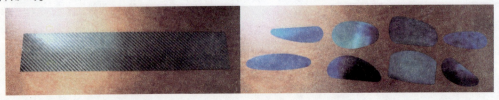

图 6-13　油泥刮片

5) 油泥刀

油泥刀即普通、锋利的小刀(图 6-15),用来在油泥模型上划线、粗略地雕刻形体。油泥刀如同设计师的铅笔,对于模型师非常重要。

图 6-14 刮刨

图 6-15 油泥刀

6) 量具

各种规格的直尺、量角器是制作模型的必备工具。R 规可以比照测量模型表面 R 角和内 R 角的大小；水平仪用于确定模型平台、模型骨架、模板是否处于水平位置；成套的曲率尺，用于制作大表面时曲率的检查和比照；型规（又叫断面规或针束尺）是一种特殊的测量工具，可以用来检查、复制曲面及曲面的截面线，如图 6-16 所示。

以上介绍的只是模型制作中一些最常用的工具，并不是全部。在模型制作中要善于选择使用正确和适合的工具，才能在油泥模型制作中事半功倍。

4. 模型设备

1) 油泥烘箱

油泥烘箱用来加热油泥，一般常温油泥在烘箱中加热到彻底软化需要 2h 左右，烘箱应具有较好的温控能力，能保持箱内温度均匀并稳定在 55~65℃之间。烘箱有不同的尺寸规格，以适合不同的需要，一台可用容积 250L 左右的小型油泥烘箱（图 6-17a）可以满足 1~2 个小比例模型的制作；而对于制作 1:1 的全尺寸模型，一般需要 2 个容积大于 600L 的大型烘箱（图 6-17b），以保证持续提供软化油泥。

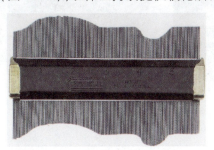

图 6-16 型规

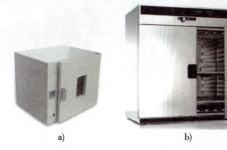

a)　　　　　　b)

图 6-17 油泥烘箱

2) 油泥回收机

如图 6-18a）所示，将刮削下来干净的油泥屑放进油泥回收机，通过真空泵消除气泡重新挤压成型后再利用。回收的油泥屑一定要经过仔细检查，确保里面没有杂物，尤其是硬物，因为油泥屑里的硬物不仅会损害回收机的主轴，还有可能在敷泥时损伤模型师的手。回收后的油泥中会含有少量、细微的杂质灰尘等，这有可能在模型表面形成气孔，因此回收后的油泥应尽量敷在模型的底层，模型表层应采用新油泥。

此外，还可以通过改变油泥出口的形状来获得不同截面形状的长条油泥模型，例如密封条、防擦条等，如图 6-18b）所示。

3) 三坐标测量机及模型平台

三坐标测量机用于整车模型坐标系的建立,关键点的测量等,是保证油泥模型满足总布置设计要求的关键和必要设备;三坐标通常安装在模型平台两侧,可移动;模型平台用来辅助定位模型,通常为铸铁铣削加工而成,有较高的平面度,如图6-19所示。

图6-18 油泥回收机

图6-19 三坐标测量机

4) 模型移动设备

油泥模型的车轮大多只具有装饰功能而非运动及转向功能,在工作中可利用简单的移动式千斤顶,将车轮抬起,利用下方万向轮来移动模型,如图6-20a)所示;也可利用先进的电动拖车,架起模型的前轮或后轮,依靠电动机驱动行驶,如图6-20b)所示。

图6-20 模型移动设备

5) 机械加工设备

机械加工设备(图6-21)主要包括带锯机、线锯机、砂轮机、砂带机等,主要用来制作、修整模型骨架;制作、打磨工具及样板等。

图6-21 机械加工设备

二、油泥模型的基础知识

1. 油泥模型的分类

（1）按照模型尺寸不同，油泥模型可分为比例模型和全尺寸模型。

比例模型（Scale Model）：比效果图的三维空间感更强，通常在设计初期大量制作缩小比例模型，其主要作用是造型设计构思的延续；是全尺寸模型的前期试验品；也是选型的重要依据；同时也是后续实验的实物依据，例如风洞试验等，如图6-22所示。常用的比例有1/2、1/4、1/5、1/8、1/10。

图6-22 比例模型

全尺寸模型（Full size Model）：也叫全比例模型或1:1模型。全尺寸模型能够直观反映设计，提高实际感；完整体现造型方案和细节；使设计师摆脱数字模型和比例模型在空间或尺寸上的局限所带来的视错觉。其主要作用是产品定型、数据测量输入、工程细节探讨的依据，如图6-23所示。但由于全尺寸模型所需制作周期、人力、物力及财力都相当大，一般不会在设计开发的全程都制作全尺寸模型。

图6-23 全尺寸模型

（2）按照模型的构造，油泥模型可以分为实心模型和透明模型。

实心模型：内部模芯为泡沫、表面为油泥的模型，通常在设计阶段制作，如图6-24所示。

透明模型：也叫"See Through"模型，指模型驾驶室被掏空，车窗采用成型透明有机玻璃板，可见部分内饰，如图6-25所示。透明模型更加接近真实的车辆，通常只是为了后期展示和重要评审而制作。

图6-24 实心模型　　　　　　图6-25 透明模型

无论是制作哪种模型，模型的姿态一般都以汽车满载时的姿态为准。

2. 油泥模型骨架

一台实心油泥模型车的总重量通常超过2t,其中油泥重量在1t左右。这对模型骨架的强度和刚性要求很高,不仅要保证骨架不会由于重压而变形,还要保证在搬运模型时骨架不产生变形,因为骨架轻微的变形都会导致油泥模型表面开裂。

(1) 一次性使用的骨架。单台成本较低;专车专用;轮距、轴距、离地间隙都按照总布置提供的数据进行设计;一般由方钢管焊接或螺栓连接而成。对于小比例模型,可用木材或代木简单制作。

(2) 可重复使用的骨架。单台成本较高;轮距、轴距、离地间隙通过可调节机构,在一定范围内可以调节;一般由铝合金型材或具有较大截面面积及壁厚的方钢管制成。

三、全尺寸油泥模型的制作过程

在制作全尺寸模型之前要制作多个小比例模型,图6-26展示了小比例模型加工和制作的场景,a)图展示了利用数字模型数据进行数控加工的场面,b)图片展示了在模型制作初期的工作场景,c)图片展示了在模型制作后期设计师在模型上贴胶带的工作场景。

a)　　　　　　　　　　　b)　　　　　　　　　　　c)

图6-26　小比例模型制作场景

1. 全尺寸胶带图

CAD技术应用之前,胶带图是制作油泥模型的依据。胶带图是由设计师依据设计方案及总布置图纸,在1:1车身坐标网格纸上使用胶带贴出来汽车平面图或截面图,如图6-27所示。

CAD技术广泛应用之后,三维CAD数据不仅取代了全尺寸胶带图,而且也更容易进行尺寸、硬点、截面等数据的校核,提高了模型制作前期的可行性和准确度。

2. 骨架设计和制作

依据总布置图,设定骨架的形状及轮距、轴距、离地间隙;骨架的其他尺寸要依据油泥的添加量和模芯泡沫的厚度来确定(CAD技术可以使骨架设计得更加合理、准确)。

3. 模芯制作

手工制作模芯的过程很复杂,要设计每块泡沫的尺寸、位置;再手工完成泡沫粘贴和形体修整。这个过程中要保证后期模型表面油泥的厚度均匀是很难的,同时也增加了油泥的消耗量和后期开裂的几率。

现在大多数采用CAD、CAM技术,过程相对简单,首先将大块泡沫粘接起来,保证其大小超过模型表面;然后只需将CAD表面数据向内等值偏置,进行数控加工(图6-28)。这种方法既提高了效率又能保证了油泥层的厚度均匀。

图6-27 全尺寸胶带图

图6-28 数控加工模芯

4. 油泥涂敷

参考6-29示意图,油泥模型的用泥量可以根据公式6-1计算出:$(FV+RV+2SV) \times d/680(\text{cm}^3)$。

其中FV、RV、SV分别为前、后、侧正投影面积;d为敷泥厚度,油泥层的厚度是根据设计模型完成程度来确定的。对于比例模型,油泥厚度控制在10~20mm即可。对于全尺寸模型,如果设计尚不完善,或有可能出现较大幅度的调整,油泥厚度应在30~50mm;若设计已经明确,那么油泥厚度在20~25mm就足够。整个模型的油泥厚度应尽量均匀,因为厚度的突然变化会导致油泥表面开裂。

油泥涂敷(图6-30)的质量直接影响模型的质量。使用正确的涂敷方法可以使油泥牢固的粘贴在模芯上不脱落,以保证模型不会开裂,主要有以下几点注意事项:

(1)在涂敷油泥之前,应清除模芯表面的泡沫颗粒和灰尘。这可以选择在模芯表面涂刷一层虫胶清漆,以固定模芯表面的泡沫颗粒;若使用聚苯乙烯(PS)板制作的模芯,也可以使用热风枪加热烘烤模芯表面,使聚苯乙烯融化后结成硬壳,但此过程会产生刺激性有毒气体,工作时要注意场地通风和使用适当的呼吸保护装置。

(2)第一层油泥的涂敷很重要,油泥一定要薄而均匀地敷满整个模芯,若第一层油泥过厚,油泥冷却后收缩力过大,容易与模芯脱离。之后的涂覆方法亦是如此,也要一层一层将油泥薄而均匀的敷满整个模型,以保证各层油泥之间没有间隙,避免将来模型表面凹凸不平。

(3)油泥的温度也很重要,新敷的油泥温度应尽量接近已涂敷油泥的温度,否则新泥冷却后,会形成剥离层而导致脱落。若涂敷工作中断时间过久,再继续涂敷时应先用用热风枪或烤灯将模型加热软化。

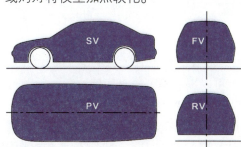
图6-29 示意图

图6-30 涂敷油泥

5. 模型粗刮

油泥模型粗刮主要包括手工粗刮和CAM铣削加工,是模型师与设计师对设计反复交流、调整的阶段,这个过程中会探讨出特征线的位置形状、模型曲面走势和整体比例等。这要求模型师有足够的耐心和追求完美的信念,配合设计师共同完成设计。

(1) 手工粗刮。首先根据总布置图和胶带图确定关键点和关键截面,这些是制作模型的依据,关键点可利用三坐标测量机在模型上标记出来,关键截面可通过三坐标测量机连续采点在模型上标记出来或制作样板,然后快速建立模型基本形态。其顺序是先制作大的基本面,再制作过渡面,这与CAD建模的思路基本一致,手工粗刮通过制作特征线样板来控制曲面的特征。

(2) CAM铣削加工。是以CAD建模为前提,将CAD表面三维数据通过CAM编程软件,编制铣削模型的加工程序(也叫NC程序,如图6-31a所示),通过数控设备将油泥模型加工出来,如图6-31b)所示。

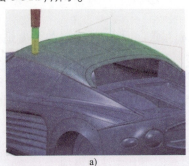 

a)   b)

图6-31　CAM加工

6. 模型精刮及调整

手工粗刮和CAM加工的油泥模型都会在模型表面留下较明显的刀痕,模型的精刮阶段主要是表面质量处理。精刮应按照从上到下的顺序进行,若先精刮下部表面,那么在精刮上部时会容易磕碰到下部表面,而且掉落的油泥屑也会粘在下部已经精刮的表面上,导致返工,如图6-32所示。

图6-32　模型精刮

精刮阶段检验模型表面质量的方法原理同CAD软件中的斑马线方法,将反光强烈的锡纸敷贴在模型表面,辅以条状的灯光或黑白相间的反光板,便可以检查模型表面是否光顺。

7. 细节制作与装饰

细节制作通常采用硬质模型而不采用油泥模型,硬质模型的制作方法在之后第六章第三节中进行详细介绍。细节的制作和安装很大程度上可以提高模型的真实感。

外饰模型表面装饰主要是采用贴Dinoc膜或者是喷漆两种方法。

Dinoc膜是一种延展性很好的背胶薄膜。贴膜前先用无纺布轻拭掉模型上的油泥碎屑和灰尘;再按照模型尺寸裁切薄膜(裁切和贴膜时要注意膜的方向,Dinoc膜从不同方向看明暗会有些许不同),将裁减好的膜浸入水槽中,直到背面的衬纸可以轻松的揭下;接下来用喷壶向模型表面喷水,这样有利于贴膜时将膜和油泥之间的空气挤出来;然后将膜贴在模型上,使用塑料刮片由内向外将膜内的水和气泡挤出;最后将多余的膜沿着模型的锋线切割掉,如图6-33所示。贴一台1:1整车外饰模型只需要3~4个模型师用时1天即可完成,多用于造型室内部评审。

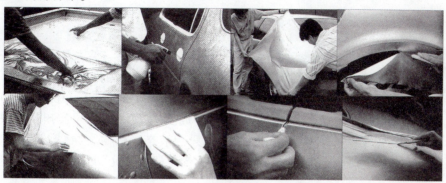

图6-33 贴膜过程

表面喷漆是一种效果更好的装饰方法,但工序复杂,多用于重要评审。其具体步骤是先在油泥模型表面喷一层易撕掉的水性膜;然后在膜上喷涂腻子并经过多次打磨;再在腻子上喷底漆并打磨;最后喷涂2~3遍面漆才能达到理想的效果。如果直接在油泥模型表面喷漆,其缺点是油漆很难再清除,而且由于油泥表层存在许多微孔,致使在喷漆后模型表面无法达到较高质量。

内饰模型表面装饰也分贴膜和喷漆两种方法。内饰膜的使用方法与外饰膜类似,但不需要水来浸泡,由于内饰膜较厚,延展性不及外饰膜,因此贴起来要比外饰膜困难;同时应尽量将接缝处理在模型表面凹进去或不显眼的地方。内饰喷漆有两种方法,一种是特制的裂纹漆,需要特别的喷涂技术,来模拟皮纹效果;另一种是在模型表面刷水性乳胶漆,在漆未干时,用泡沫海绵在表面上蘸出纹理。这两种方法各有优缺点,主要依据模型的用途来确定。

四、硬质模型制作

由于油泥的硬度较低,在制作一些细节时比较困难,而且完成的细节模型也容易受损,所以通常采用硬质模型。硬质模型零件也叫Mock-up件,可以通过多种不同的材料和工艺来制作。

1. 手工加工

最基本的手工制作硬质模型的材料是木材或者代木。靠着精湛的手工工艺制作硬质模型,这是在油泥模型出现之前就已经广泛使用的方法。对于比较方便制作油泥模型的零件(如轮辋、门把手、后视镜等),可以先制作油泥模型,然后翻制石膏模型或者玻璃钢模型。

随着CAD、CAM技术的进步,各种加工和快速成型设备也快速发展,目前主要有下面几种基于CAD数据的快速成型工艺。

2. CNC数控加工中心

CNC(Computerized Numerical Control)即计算机数字化控制,CNC数控加工中心是一种带有刀具库、并能自动更换刀具、能够对工件在一定范围内进行多种加工操作的数控机床,如图6-34所示。CNC成本较高,但可以加工较复杂的形体,尤其是快速加工铝合金、钢材等金属材料。在加工中心上加工零件的特点是:被加工零件经过一次装夹后,数控系统能控制机床按不同的工序自动选择、更换刀具;自动改变机床主轴转速、进给量和刀具相对工件的运动轨迹及其他辅助功能;连续地对工件各加工面自动地进行多轴联动铣削、钻孔、锪孔、铰孔、镗孔、攻螺纹等多工序加工。

图 6-34 CNC 数控加工中心

3. SLA(立体光固化成型法)

SLA(Stereo lithography Appearance)即立体光固化成型法,SLA 是最早实用化的快速成型技术,采用液态光敏树脂原料。用特定波长与强度的激光聚焦到光固化材料表面,使之由点到线、由线到面顺序凝固,其工艺过程是:首先通过 CAD 设计出三维实物模型,利用离散程序将模型进行切片处理,设计扫描路径,产生的数据将精确控制激光扫描器和升降台的运动;激光光束通过数控装置控制的扫描器,按设计的扫描路径照射到液态光敏树脂表面,使表面特定区域内的一层树脂固化,当一层加工完毕后,就生成零件的一个截面;然后升降台垂直下降一定距离,固化层上覆盖另一层液态树脂,再进行第二层扫描,第二固化层牢固地粘结在前一固化层上,这样一层层叠加而成三维工件原型;将原型从树脂中取出后,进行最终固化。SLA 技术成型速度较快,精度较高,但由于树脂固化过程中产生收缩,必定会产生应力或引起形变。因此开发收缩小、固化快、强度高的光敏材料是其发展趋势。SLA 快速成型机如图 6-35 所示。

4. FDM(熔融沉积法)

FDM(Fused Deposition Modeling)即熔融沉积法。该方法使用丝状材料(常用为 PC 或 ABS 等塑料)为原料,利用电加热方式将丝材加热至略高于熔化温度(约比熔点高 1℃);在计算机的控制下,喷头作 $x-y$ 平面运动,将熔融的材料涂覆在工作台上,冷却后形成工件的一层截面;然后喷头上移一层高度,进行下一层涂覆,这样逐层堆积形成三维工件。该方法操作简单、使用方便、污染小、适合办公室环境运行。与 SLA 系统相比,该系统不采用激光发生器,所以维护简单;在材料上,由于可以直接使用 PC 或 ABS 等塑料,成型件韧性好,强度高,方便进行后续工序。FDM 快速成型机如图 6-36 所示。

图 6-35 SLA 快速成型机

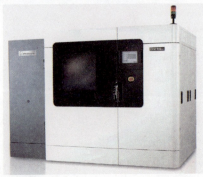

图 6-36 FDM 快速成型机

第四节 逆向工程曲面

在油泥模型制作及评审完成后,造型即被冻结(Design Freeze),汽车造型设计工作就已结束。此后就是通过逆向工程技术将造型设计的结果输出给工程设计部门进行后续工作。逆向工程(reverse engineering)也叫反求工程,广义的讲就是根据已有的东西和结果,通过分析来推导出具体的实现方法。而汽车造型逆向工程,是将已完成的油泥模型,使用测量设备收集其表面原始数据,之后使用软件计算出采集数据的空间坐标,然后以这些信息为参考重建出可供工程设计的高质量表面模型,即A级曲面。

一、三维测量设备

逆向工程中使用的高精度三维测量设备主要有以下几种。

第1代测量设备是逐点扫描,速度慢,而且是接触式测量,精度较低,如三坐标测量机CMM。

第2代测量设备是逐线扫描,速度仍然较慢,但精度较高而且实现了非接触式测量,如激光线扫描仪(图6-37)。由扫描仪发出一束激光光带,光带照射到被测物体上然后返回,通过计算时间来确定物体表面的位置,光带在被测物体上移动时,就可以采集出物体的实际形状。

第3代测量设备是面扫描,速度非常快,非接触式测量,如白光照相式扫描仪(图6-38)。由于其有效地控制了整合误差,整体测量精度也大大提高。其采用可见光将特定光栅条纹投影到测量工作表面,借助多个高分辨率CCD数码相机对光栅干涉条纹进行拍照,利用光学拍照定位技术和光栅测量原理,可在极短时间内获得复杂表面的完整点云。

图6-37 激光线扫描仪

图6-38 第3代扫描仪

二、点云

点云(Point Cloud),是通过测量仪器得到的模型表面的点数据集合,如图6-39所示。通常使用三维坐标测量机所得到的点数量比较少,点与点的间距也比较大,叫作稀疏点云;而使用三维激光扫描仪或照相式扫描仪得到的点数量比较大并且比较密集,叫作密集点云。

稀疏点云和密集点云均是重建表面数据的参考,即逆向造型的基础,数据格式为*.ASC,*.XYZ等。CATIA、Imageware以及其他专门的测量软件均可以进行点云的编辑和处理，主要包括以下几个步骤：

(1) 清除坏点。由于测量设备、测量技术以及测量环境的光线明暗等因素影响，会产生明显偏离模型表面的噪点或坏点，必须删除它们防止后续工作发生错误。

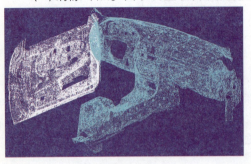

图 6-39　点云

(2) 优化点云。对于密集点云，巨大的数据量会成为计算机的负担；而对于较平坦的曲面，数据点没有必要太多，因此可通过软件中相应工具滤掉不必要的点，可以大幅度提高建模过程中的处理速度和效率。

(3) 生成三角面（也叫 Mesh 面）。在软件中生成 Mesh 面后，计算机就可以将扫描数据渲染显示出来，这样做的目的是便于后续做曲面时，更容易分析曲线的形态；方便曲面的规划；而且生成 Mesh 面后的点云数据可导入到 CAM 软件中进行加工。

(4) 优化三角面。可以在软件中对三角面进行孔洞修补，优化特征线（棱线），光滑表面等操作，使点云数据更加完善。

(5) 对正坐标系。根据测量技术的不同，有些点云在扫描时就已建立在整车坐标系下，有些则没有。对于不在整车坐标系下的点云数据，需要通过点云上的特征（平面、圆孔或者圆球、圆柱等）来将其对正到整车坐标系下。

三、A 级曲面

A 级曲面即 Class-A，最初是由法国 Dassault System 公司在开发大型 CAD/CAM 软件包 CATIA 时提出并付诸应用的，专指车身模型中对曲面质量有较高要求或特殊要求的一类曲面，如外形曲面、仪表板和内饰件的表面等。以此类推，对于车身内可见度不高的部分，可以适当降低对光顺度的要求，称为 Class-B；对于不可见的部分，要求更低，称为 Class-C。通常 Class-A 应满足下面几点：

(1) 曲面应是 1 个 span、无多余 ISO 线。

(2) 拼接曲面之间应是 G2 连续的，特殊位置可能要求 G3 连续（如 Y0 线两侧）。半径小于 3mm 的圆倒角可以适当放宽要求，只满足 G1 连续。

(3) 曲面在 u,v 方向上 Degree 值 $=3\sim5$，$Degree_{max}=7$，有些曲面 $Degree_{max}=9$。

(4) 曲面必须光顺，即光滑和顺眼。光滑可以通过 (1) ~ (3) 步骤达到，而顺眼则没有统一的评判标准，但高光线和斑马线应是光滑流动、变化均匀，同时满足设计师设计意图。因此，Class-A 曲面的制作过程中也要有设计师陪伴。

(5) 完善的 Class-A 表面数据还应包含一定的工程信息：如缝线宽度的定义；翻边和拔模角度要满足生产要求；R 角大小要满足生产及设计要求；连续面之间的精度应与下游衔接的 CAD 系统要求精度一致，以保证数据在后续工作中的正常使用。

四、车身曲面逆向工程的基本流程

根据下游软件的不同设定逆向软件的建模精度和方式，包括：长度、角度等的单位选择；

G0(Position)、G1(Tangency)、G2(Curvature)的连续性的要求；模型最大的许可阶数；是否允许有理的设置。

(1)在点云上生成 Section 线。在点云模型的 XYZ 三个方向上按照等距离 50mm 或 100mm 切 Section 线列。这些线可以作为构建特征曲线的参考，更为重要的是可以让所构建的曲面与 Section 线列进行对比，以便更好地评估所构建曲面与点云曲面之间的偏差。

(2)构建特征线。这个过程与正向建模时基本类似，只是在保证曲线光顺的同时要注意构建曲线与测量线（由 Section 线形成的）间的偏差，保持在可以接受的范围内。规划布置面片的方案。同正向建模时规划分片是一样的。

(3)构建基本面。同正向建模时一致。只是需要在构建的曲面上也生成与点云上的 Section 线列一致的 Section 线；不断调整曲面 CV 点使曲面光顺，同时也使构建的曲面尽量靠近点云的 Section 线（由于油泥模型是手工制作的，会存在一定的瑕疵，因此需要二者之间进行权衡、取舍）；由于完成的油泥模型是导过圆角的，因此在绘制基本面特征线时，要先求出基本面的理论交线，在保证基本面无限靠近点云的同时，还要保证基本面的理论交线光顺。因此在一些公司的油泥模型制作过程中，会在油泥模型没有倒角之前测量或扫描理论交线，提供给后续表面工程师参考，这种方式值得推广，不仅提高了逆向表面的效率也能够使 Class-A 表面更接近油泥模型。

(4)过渡曲面的制作。同步骤(5)。

(5)细节制作。一般只有个别较大的零部件（如外后视镜）需要制作油泥模型，然后逆向完成表面；多数小的零件都在油泥模型制作中通过正向建模完成了 Class-A 数据的制作，这时只需要细微数据调整来匹配最终的车身表面数据。

(6)数据的整理导出。为了保证数据正确导入到下游 CAD 软件中，需要进行如下整理：①删除所有建构历史；②调整所有曲面法线方向一致向外；③解散(Ungroup)所有曲面；④设定所有曲面的原点到世界坐标系(ABS)0,0,0；⑤将所有曲面的调整信息清零；⑥按照零部件重新组合(Group)相关曲面。

(7)根据需要选择输出文件的格式，导出数据。

第五节 汽车三维设计的发展方向

随着 CAD、CAM 及三维测量技术的快速发展，汽车三维设计流程不断进化，目前 CAD、CAM、手工实物模型、三维测量已经使三维设计形成了一个循环渐进的过程，如图 6-40 所示。

在这个流程中，DESIGN 是工作的输入端，也是所有工作的核心。其他过程根据不同项目的不同需要可以省略，也可以顺时针循环重复进行，直到得到满意的 Class-A 表面。依据这个流程，目前造型设计室已开始逐渐普及使用带有铣削和扫描双重功能的三坐标测量机，可以快速将 CAD 数据铣削加工成模型，并快速扫描模型数据，生成 Class-A 数据，大大提高了汽车三维设计的效率和质量。

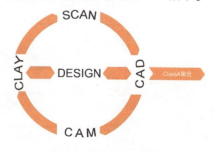

图 6-40　汽车三维设计环

第七章 汽车色彩与装饰设计

在第三章中提到组成汽车形式美的要素主要为形态、色彩及材质,汽车造型设计开始直至冻结的很长阶段都是在不断推敲形体本身,使之具备新颖的创意、完美的比例、优雅的轮廓、动感的线条和饱满的曲面,是属于为汽车造型"塑型"的过程,即为汽车打造了一个完美的形态。

对于汽车造型来说,组成形式美的另外要素,即:色彩及材质的装饰(Color & Trim)。色彩与装饰设计部门犹如汽车的化妆师,为汽车造型进行最后的润色。这个过程至关重要,虽然色彩与装饰设计部直接参与汽车本身的形体塑造,但是色彩与装饰的设计往往会对汽车的品质和档次以及风格带来极大的影响。与之前的设计工作内容不一样,色彩与装饰设计更接近于服饰或时尚设计,也就需要设计师有敏锐的时尚洞察力和良好的平面美术功底,并对色彩及材质有深入的认知。

第一节 色彩的基本知识

人们在日常生活中,每天都要处理很多色彩信息,漂亮的色彩不仅可以加强形态表现,还可以传达一定的情感。

一、色彩的形成

1. 光与色彩

光是在一定波长范围内的电磁辐射,并以起伏波的形式传递。振幅和波长构成了光波的主要物理因素:振幅反映光的明暗强度,振幅越宽,光亮越强,明度越高;反之,振幅越窄,光亮越暗,明度越低。而不同的波长可以反映不同光线的特征,根据人的视觉生理,光线分为可见光和不可见光。可见光的波长范围在780～380nm之间,只占光谱很小一部分(图7-1),常见的红(700nm～610nm)、橙(610nm～590nm)、黄(590nm～570nm)、绿(570nm～500nm)、蓝(500nm～450nm)、紫(450nm～380nm)等光的波长都在这一范围内。正常视力

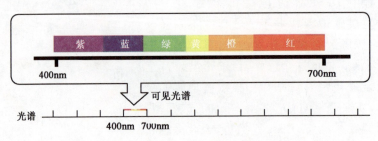

图7-1 可见光谱波长范围

人的眼睛对波长约为 555nm 的电磁波最为敏感,这种电磁波处于光学频谱的绿光区域。而波长在 700nm 以上的红外线和波长在 380nm 以下的紫外线、X 射线、γ 射线等光波,由于用肉眼无法看见,需要通过专门的仪器来观测,所以称之为不可见光,这部分光占光谱的绝大部分。

2. 物体的色彩

人们之所以能看清物体的形态和色彩,是经历了光—物体—视觉的过程,这个过程包括:光源发光、物体选择吸收部分光线、另一部分光线反射到人的眼内。

物体色是指本身不发光的物体经过光源照射,再对光的反射、吸收、透射而呈现出来的颜色。对光波透射多、吸收和反射少的物体称为透明体;反之,则称为不透明体。由于不同物体对光的选择吸收,即把与自身不同的色光吸收,相同的色光反射,所以人眼看到的色彩,正是被物体反射出来的光。而另一种由光源体发出的色彩称为光源色,即光源照射到白色、光滑、不透明物体上所呈现出的颜色,如图 7-2 所示。

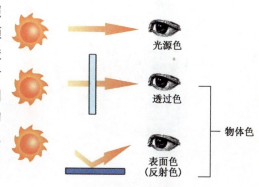

图 7-2 光源色与物体色

二、色彩的基本属性

1. 色彩属性

色彩的基本属性包括色相(HUE)、亮度(Value)、饱和度(Chroma)。这三者决定了色彩的性质和面貌。

1) 色相

色相即色彩的相貌,是区别色彩种类的名称。在光谱中,红、橙、黄、绿、青、蓝、紫是最基本的色相,由于波长不同而带来不同的色彩感受,如图 7-4a)所示。色相是色彩的首要属性,是区别各种不同颜色的标准。任何黑、白、灰以外的颜色称为有彩色,且都具有色相属性,而黑、白、灰称为无彩色,不具有色相。

为了更清晰地观察和了解色相,色彩学家设计了色相环。一般色相环中主要色相有五种、六种甚至八种;若再加入中间色相,就可做成十色相、十二色相或二十四色相环等。其中绘制十二色相的色环,是色彩设计的基础,如图 7-3a)所示。

2) 亮度

亮度即色彩的明暗程度,亦被称为明度、光度、深浅程度等,是由于物体对光的反射率不同而造成的。亮度在色彩基本属性中具有较强的独立性,最适于表现物体的体积感和空间感,任何色彩都可以还原为黑、白、灰亮度关系。如图 7-4b)所示。

黄色是亮度最高的有彩色,白色是所有色彩中亮度最高的无彩色,在其他颜料中混入白色,可提高混合色的亮度,白色越多,亮度越高,人眼最多可分辨出 200 个左右的亮度层次。

3) 饱和度

饱和度亦被称为纯度、色度、艳度、浓度、彩度等,是由于人眼对不同波长光的敏感度不同而造成的。凡具有色相感的颜色都具有饱和度,无彩色无色相,亦无饱和度。

不含有白或黑成分的颜色,称之为"纯色",饱和度最高;如含有白或黑的成分越多,色彩的饱和度也会越低,饱和度和亮度一样,在程度上也分为"高、中、低"三个感觉阶段。不同色相的纯色具有不同的亮度和饱和度,纯色中加入白色,可以降低色彩的饱和度,提高色彩的亮度,同时使色彩的色性变冷;在纯色中加入黑色可以降低色彩的饱和度和色彩的亮度,同时使色彩的色性变得偏暖、沉着、幽暗。

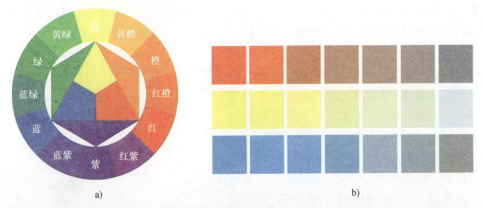

图 7-3　十二色相环、不同颜色纯度列

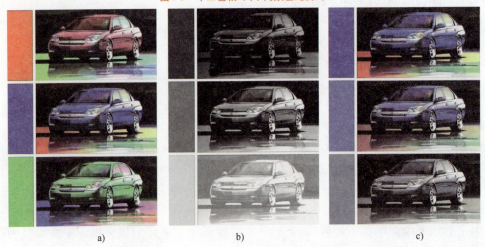

图 7-4　不同颜色由纯度最高过渡到完全灰色的纯度列

2. 基本色

红、绿、蓝三色称为原色或基色,是合成其他色彩的基本色。基色的纯度最高、最纯净、最鲜艳,人眼对红、绿、蓝也最为敏感。大多数颜色可以通过三原色按照不同比例合成产生;同样绝大多数单色光也可以分解成三基色。

(1) 相加混色。三基色按照不同比例相加合成混色称为相加混色,而可按照一定比例混合成白色的两种颜色互为补色。如:红色 + 绿色 + 蓝色 = 白色;红色 + 绿色 = 黄色;绿色 + 蓝色 = 青色;红色 + 蓝色 = 品红。其中黄、青、品红称为相加二次色,同时也是红、蓝、绿的补色。即红色 + 青色 = 白色;绿色 + 品红 = 白色;蓝色 + 黄色 = 白色。

(2) 相减混色。由于物体吸收三基色比例不同而形成不同的颜色。在白光照射下,青色颜料能吸收红色而反射青色,黄色颜料吸收蓝色而反射黄色,品红颜料吸收绿色而反射品红。即:白色－红色＝青色;白色－绿色＝品红;白色－蓝色＝黄色。同时:黄色＋青色＝白色－红色－蓝色＝绿色;品红＋青色＝白色－红色－绿色＝蓝色;黄色＋品红＝白色－绿色－蓝色＝红色。所以有把青色、品红、黄色称为颜料三基色。在颜料三基色中,红、绿、蓝三色被称为相减二次色或颜料二次色。在相减二次色中有:青色＋黄色＋品红＝白色－红色－蓝色－绿色＝黑色。

用以上的相加混色三基色所表示的颜色模式称为 RGB 模式,而用相减混色三基色原理所表示的颜色模式称为 CMYK 模式,两种模式广泛运用于显示、绘画和印刷领域,如图7-5所示。在设计过程中可根据需要相加相减混色来调配颜色。

图7-5 光与颜料的色彩混合方式及其在显示和打印时的示意

三、色彩的对比和调和

1. 色彩的对比

色彩的对比是指两种以上的色彩间能比较出明确的差别时,称为色彩对比。色彩的对比可以使画面富有活力,好的色彩对比应该是调和中有对比,对比中求调和,即在对比同时,寻求色彩的和谐统一。色彩的对比是综合性的对比,包括:明度对比、色相对比、纯度对比、冷暖对比、面积对比等。

(1)色相对比。由于色相间的差别而造成的色彩对比,称为色相对比。色相对比是色彩对比的灵魂,没有色相间的差异,世界将变得单一枯燥。事实上,单纯的色相对比是很少的,现实中的色相对比中亦包括明度对比和纯度对比。

(2)明度对比。由于明度的差别或深浅的差别而形成的色彩对比,称为明度对比。任何图像都可以用明度来表现层次关系,一幅优秀的视觉图像,在被转成黑白模式时,仍然能很好地反映画面层次感。

(3)纯度对比。由于纯度间的差别造成的色彩对比,称为纯度对比。不具备色相的无彩色纯度为零,在有彩色中逐渐加入无彩色即可降低色彩的纯度。纯度的对比可以在保留色相的同时,使冲突的色彩和平相处。现实中,人们所感受到的颜色大多不是纯色,正是由于纯度对比的存在,才使色彩组合更丰富、更和谐。

(4)色性对比。色彩的冷暖感或色彩的冷热倾向被称为色性。色性对比,即色彩的冷暖对比。色彩感中最暖的是橙色,最冷的是蓝色;绿、紫等兼有冷暖感觉的色彩被称为中性色。

(5)面积对比。这是指各色彩块在构图中所占量的比例。色彩总是结合一定的面积来参与对比的,在色彩对比中,各种颜色所占的面积直接影响对比的强度。对同一种颜色而言,面积越大,明度、纯度感越强烈;面积越小,明度、纯度感越弱。

2. 色彩的调和

当色彩对比过于强烈时,会让人产生刺激、兴奋的感觉,但也容易造成视觉疲劳,这时就需要调和色彩间的关系。两个以上的色彩,有秩序、协调、和谐组织在一起的搭配为色彩调和。色彩调和包括:同一调和、非色彩调和、类似调和、秩序调和。

1)同一调和

同一调和指当两种或两种以上的色彩对比过于强烈时,增加各色的同一因素,使对比排斥的色彩关系趋于缓和;或者选择同一性很强的色彩组合,寻求色彩间的共性,增加整体的统一协调性。同一调和包括同色相调和、同明度调和、同纯度调和。

同色相调和,是指在色相环中60°角内的色彩调和。同一色相,非常容易构成调和,但由于缺乏对比,也易产生单调感。所以在同色相调和中应注意加强色彩间纯度和明度的对比,使色彩配置产生简洁、爽快、单纯的美感。

同明度调和,是指不同颜色具有同一水平的明度,由于颜色间具有同一明度,这种调和易产生含蓄、丰富、高雅的美感。同明度调和应注意色相和纯度不应太接近,以免产生模糊感。

同纯度调和,又称同彩度调和,包括高彩度调和、中彩度调和、低彩度调和。值得注意的是,同纯度调和中,当出现灰、闷的感觉时,要及时提高一种色彩的纯度,以增强对比。

2)非色彩调和

非色彩调和是指无纯度的黑、白、灰之间的调和。如夏尔特尔教堂的玻璃窗(图7-6a),色玻璃是原色和间色的对比,由于镶嵌色玻璃的框架在逆光下成为黑色,就好像在五彩缤纷的色彩中用同一连贯黑色加以勾勒,从而产生既强烈、辉煌,又统一、和谐的感觉。

3)类似调和

类似调和是指两个或两个以上的近似色彩(属性相近的颜色)间的调和。凡是在色环上相距只有2~3阶段的色彩组合,其明度、色相、纯度均能构成类似调和,如红与橙、蓝与紫等的调和。

4)秩序调和

秩序调和又叫渐变调和,是指一组色彩按明度、纯度、色相等分成渐变色阶,组合成依顺序变化的调和方式。秩序调和可以形成渐变、有节奏、有韵律的色彩;使过分刺激、杂乱无章的色彩柔和起来,有条理、有秩序地协调在一起来,如图7-6b)所示。

a)

b)

图7-6 秩序调和

四、色彩与生理

1. 视觉适应

1)明暗适应

人由明亮处突然走进黑暗处,会感到眼前漆黑,需要一段时间才可从黑暗中分辨事物;若由黑暗处迅速走进明亮处时,会感觉眩晕刺眼,也需要一段时间方可适应。前者叫作视觉的暗适应,后者叫视觉的明适应。

人眼视网膜就像一幅感光屏幕,上面有两种感光细胞:椎体细胞和杆体细胞。杆体细胞的光感性比锥体细胞高很多,眼睛在暗适应过程中,由于瞳孔扩大,使进入眼球的光线增加 10~20 倍,视杆细胞的感受性迅速兴奋,视敏度不断提高,大约需要 5~6min 就可进入适应阶段。明适应是视网膜在光刺激由弱到强的过程中,视锥细胞和视杆细胞的功能需要迅速转换,适应时间大约只需要 1s。

2)颜色适应

人眼感知周围对比鲜明的颜色时,会首先被强烈的色彩感觉所吸引,但一段时间过后,兴奋感、刺激感会趋于平缓,这种视觉现象叫作颜色适应。颜色适应所带来的启示是,要抓住对色彩的第一感觉,因为最初的感觉最强烈、最生动。

2. 色彩错觉

色彩错觉指人眼观察物体时,由于受到形、光、色干扰,以及生理、心理原因,会产生与实际不符的、判断性的视觉误差,表现为视知觉对象和客观事物间不一致。其具体表现为视觉残像和同时对比。了解色彩错觉,对调配色彩、控制色彩起着积极作用。

视觉残像是指人眼长时间感知一种色彩后,必然会产生视觉疲劳,为寻求视觉平衡,当转移看另一种色彩时,会出现后者带有前者补色的现象。

同时对比,是在同一时间和空间内所观察与感受到的色彩对比与错视现象。对比色彩的相接边缘部位越长,同时对比越强,反之越弱。若一种色彩包围另一种色彩,则同时对比最强。

3. 人对色彩的生理反应

费尔发现,肌肉的机能和血液循环在不同色光的照射下会发生变化:"蓝光最弱,随着色光变为绿、黄、橙和红而依次增强"。人对于色彩的生理反应还表现在色彩的膨胀、收缩、前进、后退、冷、热、轻、重、兴奋、沉静等感觉方面。

(1)红色。纯度高、注目性高、刺激作用大;被称为"火与血"的色彩;能增高血压,加速血液循环,能够对人产生极大的鼓舞作用。给人以热情、活泼、艳丽、吉祥、革命、热闹的感觉,也给人疲劳、恐惧的心理。

(2)橙色。既有红色的热情,也有黄色的光明、活泼,识别性和注目性高,是人们普遍喜爱的颜色。给人耀眼、警示、甘美、光明、温暖、兴奋、冲动、精力充沛、有食欲感,也给人暴躁、嫉妒、疑惑的感觉。

(3)黄色。最明亮的颜色,给人光明、迅速、活泼、轻快的感觉,明视度和注目性高,比较温和。具有明朗、快活、跳跃、自信、希望、高贵、注意等心理特征。

(4)绿色。绿色的明视度和刺激性都不大,给人的生理和心理作用都极为温和,因此,喜爱绿色的人很多,具有自然、平静、安逸、清凉、旺盛、幽深、和平、保障、可靠、公平、淳朴、平凡、新鲜等感觉。

（5）蓝色。自然界中天空、海洋都为蓝色，所占面积相当大，蓝色给人冷静、智慧、深远、寒冷、无限、永恒、冷酷、犹豫、遥远的感觉。

（6）紫色。紫色容易和夜空、阴影相联系，所以富有神秘感，易引起心理上的忧郁和不安，但紫色又给人高贵、庄严之感，有优美、优雅、娇媚、自傲、魅力、虔诚之意。

（7）黑色。无彩色的黑、白、灰色都是全色相，没有纯度。它们与任何色彩相配都有调和的效果，被称为色彩调配中的"消防员"。黑色与白色相比更给人以暖的感觉，黑色在心理上是一个很特殊的色，很消极、本身无刺激性，但是与其他色配合却能增加刺激感。黑色给人坚硬、严肃、悲哀、铁面无私的感觉。

（8）白色。基本为中性色，明视度高，与其他任何色彩配置均能取得良好的效果。白色给人纯洁、纯粹、朴素、明快、神圣等感觉。

（9）灰色。灰色具有顺从性，很少单独使用，与白色一样可以很好配合其他色彩。纯度高、色彩倾向明确的灰色给人明朗、高雅、漂亮的感觉；纯度低、色彩倾向不明确的灰色给人消极、暧昧、颓废的感觉。具有同样功能的色相还有金色、银色等金属色。

所有色彩都有其不同的"视觉语言"、不同的含义、带给人们不同的生理反应，这点在汽车造型设计中可以体现得淋漓尽致。汽车色彩是人们对汽车造型最直接的视觉感受，不同的汽车色彩，传递给人们的信息和心里体验就不一样。合理、科学的利用不同色彩的特质，可以提升设计，使汽车更具市场竞争力，如图7-7所示。

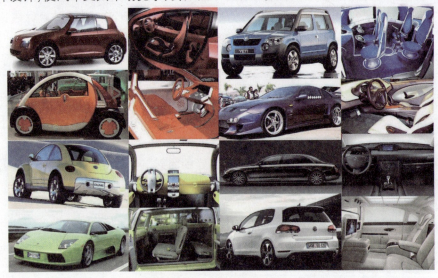

图7-7　汽车造型色彩

第二节　汽车色彩认知分析

汽车色彩设计需要综合考虑以下因素。

1. 汽车的用途与级别

汽车色彩设计时首先要考虑汽车的用途。

轿车大多数采用单色。C、D、E级轿车宜采用明度较低的颜色,如黑色、深蓝色、深灰色等,这些色彩可以加强车身造型的稳定感;A、B级轿车适合的色彩范围较广;A0、A00级轿车则适合采用明度高、活泼的颜色,如黄色、橙色、绿色、白色等。

客车由于形体大、造型简单、平面较多,不宜采用单色;可以利用明度对比、纯度对比、面积对比等方法,选用双色。

货车由于体积庞大、用途较固定、使用环境等限制,也适合采用双色。车身主体适合明度较高的颜色,如红、橙、黄,可以提高货车在恶劣环境中的可视性;保险杠等处于车身下部的构件可以选用明度较低的冷色彩,从而达到上明下暗、上轻下重、上暖下冷的视觉稳定感。

特殊用途的汽车应采用象征性强、鲜明、醒目的颜色。如消防车采用红色,除了红色亮度高、醒目、易发觉外,还容易使人们联想到有火灾发生、赶紧避让;医疗救护车采用白色,是运用白色的洁白、神圣、不吉祥含义,而红十字标志在底色衬托下更加鲜明;邮政车采用绿色,是运用绿色的和平、安全感;军用车常常采用深绿色或保护色(迷彩色),使汽车颜色更接近草木、路面,从而达到隐蔽安全的目的;冷藏车和油罐车宜用浅色,以避免阳光将车身晒得太热;工程机械多采用黄黑相间的色彩,是运用黄色亮度高、醒目的特点,以引起行人和其他车辆的注意;殡仪车多采用肃穆、庄重的黑色或白色。

2. 汽车的使用对象及环境

汽车色彩应该迎合使用者,同时也要与使用环境协调。由于世界各地的气候、地理条件、政治经济、文化教育、风俗习惯等的不同,会造成不同地区的人们对色彩的不同偏爱。在美国,以纽约市为中心大西洋沿岸地区的人们喜欢淡色,旧金山太平洋沿岸地区的人们则喜欢鲜明色;北欧的阳光大多是发蓝的黄色,北欧人喜欢青绿色;意大利人喜欢黄色和红色;伊朗、科威特、沙特阿拉伯、伊拉克等国家禁忌黄色而推崇绿色,认为绿色是生命之源;日本喜欢白色和红色,忌讳黑白相间色;拉丁美洲国家大多偏爱暖色调;非洲大多数国民家忌讳黑色,而喜欢鲜艳的色彩;而在中国,北方较冷、冬季较长,汽车宜采用暖色;南方的汽车多采用冷色。

3. 汽车的流行色彩

流行色彩是指一定时期内被人们广泛采用的颜色,其原动力是新鲜感。汽车的流行色彩呈现周期性变化,新鲜感的周期大约为1.5年,交替周期大约是3.5年。以日本汽车色彩的变迁为例,1965年以前,明亮的灰色汽车备受青睐;1965年盛行蓝色、灰色和银色汽车;1968年黄色汽车迅速增多,1970年黄色汽车又急剧减少,而橄榄色和褐色汽车逐渐增多;1977年褐色汽车最受欢迎;1982年白色汽车占到总数的50%;1985~1986年白色汽车数量达到最高峰,每四辆汽车中就有三辆是白色的。据一项调查表明,在世界范围内,1989年最畅销的汽车色彩是白色和红色。进入20世纪90年代,黑色汽车销量增加。随着社会的发展,流行色彩和常用色彩将互相转化。汽车造型设计师要把握好流行色彩的发展方向。

4. 汽车的行驶安全

汽车色彩影响着行驶安全性。在心理学上,深蓝色、深绿色叫作收缩色或后退色,看起来比实际小;黄色、红色叫作膨胀色或进攻色,看起来比实际大,膨胀色不论远近都很显眼,尤其在傍晚、雾天和下雨天更醒目,所以从安全角度,黄色、红色最佳,其次是白色。

第三节　汽车的色彩与装饰设计

色彩与装饰设计是汽车造型设计的重要组成部分，一直以来都是用户购车时的重要参考因素，是企业抢占市场的重要砝码。精美的形体配以恰到好处的颜色与材质，能将内外饰设计体现得更加饱满、更富有质感、层次感和时代特征；随着时代的发展，工业的进步，汽车的色彩与装饰设计呈现多元化。

色彩与装饰设计大体分为外饰色彩、内饰色彩、内饰材料、表面皮纹等几方面，而各方面的设计都是相互影响和衬托的。

一、外饰色彩

汽车外饰色彩是用户购车时的首要关注点，漂亮的色彩能够令驾驶者愉悦，使其更加自信。

1. 外饰漆种类

油漆又称涂料，是外饰色彩的载体。汽车外饰漆主要分为车身漆和塑料漆，前者主要应用在金属材质上；后者主要用在塑料材质上。塑料漆按油漆性能可分两种，一种用在外饰塑料件上，如前后保险杠、外后视镜等，颜色一般与车身漆同色，但油漆性能稍有不同；另一种用在内饰塑料件上，颜色与内饰色彩相匹配，其触感更加柔软，能够在视觉上降低塑料质感。车身漆显示颜色的油漆涂层叫作色漆。色漆按其特性可分为：单色漆、珍珠漆、金属漆、亚光漆等。

（1）单色漆。又称实体漆，由单色颜料组成，不添加任何金属闪光粉，通常由体积相同的球形小颗粒组成。当光线照射到单色漆上，相同颜色光线被吸收，转换成热能；其他光线被均匀反射，如图 7-8 所示。

图 7-8　Skoda Fabia 单色漆效果

（2）珠光漆。也叫云母漆，其中含有透明的片状云母，能使其颜色呈现动态变幻的效果，闪烁性、层次感和色彩的深度非常出色。但是珠光漆光亮度一般，呈中低状态，如图 7-9 所示。

（3）金属漆。因含有铝粉而得名，这种漆的代表是银灰色，金属漆的亮度较高。除了纯金属漆外，还有彩色金属漆，这种金属漆中含有透明的彩色颜料，油漆颗粒大小约为 0.01 μm 或更小，如图 7-10 所示。

第七章 汽车色彩与装饰设计

图7-9 珠光漆车身(Cadillac-Vizon_Concept)

图7-10 金属漆车身(Chevrolet Camaro_45th Anniversary Edition)

（4）亚光漆。单色漆、珠光漆、金属漆均可形成亚光漆，亚光的效果取决于表面清漆。亚光漆的特点是反射率低，所以车身反光较弱，很少反射周围景物，可以充分体现车身的形态特征。但亚光漆的修复性不如其他油漆，所以无法大量流行，只在部分奢侈品牌上采用，如图7-11所示。

图7-11 Volvo ACC 2_Concept 亚光漆车身

2. 外饰漆色彩设计

1) 外饰漆色彩选择

由于社会与经济的发展存在很多不确定性因素。所以人们努力寻求安全感，对汽车外部色彩的追求倾向于偏保守的中性颜色，如白色、银色、灰色和黑色。但这类颜色的色谱相当简单，一般通过一些细节的处理来体现油漆的质感，常用的做法包括做工老练的微光效果、体现情感变化的变色龙效果、炫目的光辉、强烈立体感的三维投射效果以及黏土般的凝重感等。

除中性颜色外，鲜艳的颜色也经常被使用（图7-12），鲜艳色彩具有鼓舞人心并振奋精神的效果。例如：蓝色是代表生命之源——水的颜色，蓝色在色谱内由浅到深的色调变化会产生一种绿色环保的影响力，因而极具吸引力，鲜艳清澈、光彩照人、色调变幻，又透射出一种大自然的气息。就暖色调而言，表达友好和激情的红色，以及优雅、内敛、原始、质朴的棕色等,也都非常受消费者所关注。

图 7-12　鲜艳的汽车色彩

2) 外饰漆色彩个性象征

(1) Touch the Identity——触摸文明(图7-13)。当设计发展越来越快时,对未来色彩越发难以掌控,于是会导致人们的审美重新返璞归真,人们反而会被原始的力量和少数民族的文化精神所吸引。因为通过接触原始、民间的质朴文化及外来文化的精髓,人们能够获得一种安全感以及活力。代表色:蓝色、青绿色、红色、棕色。这组色彩可以展现原始的力量,例如棕色就蕴含有大地的能量,使用时多采用相对致密的质地。

(2) Bio-Rhythm——聆听生命的韵律(图7-14)。大自然的智慧和生命力能为色彩设计师提供无穷的灵感。沙沙的树枝声、潺潺的流水声会让心灵在清脆的声响中寻求抚慰,享受大自然的馈赠。代表色:纯净清澈的水蓝色、淡淡的黄色、蕴涵着多重品位的橄榄绿、灰色。这些都是直接来源于大自然的色彩,经过色彩设计师微妙的雕琢后,淋漓尽致地展现出一种自然与科技美妙融合的意境。

图 7-13　"触摸文明"的色彩

图 7-14　"聆听生命的韵律"的色彩

(3) Creative Eyes——创意慧眼(图7-15)。现代社会充满了独特设计和富有创意的产品,设计师通过错视、夸张的表现方式,探索作品和色彩本身的非凡力量。代表色:以鲜明的青绿色和蓝色为主的中度色调。设计师将金属粒子和单色搭配使用,使颜色质地更加强化,描绘出创意之美。

图 7-15 "创意慧眼"的色彩

（4）Essence of Sense——感官的馨香（图 7-16）。在追求精致和高品质的产品时,传统价值观被推向一个全新的价值层面。设计师通过简洁的设计将高雅、睿智且富有感官魅力的趣味表达出来。代表色:淡灰色系,是一种高雅的暖色调,细微处透射着馨香,更因其多层次的丰富表现力而受到推崇。

图 7-16 "感官的馨香"的色彩

（5）Taboo Flavors——禁忌趣味（图 7-17）。欲望和自我主义、恐惧和愤怒等负面情绪,这也正体现人类本性中叛逆和探索的一面。代表色:极致动感的红色、未知的黑色、其他暗色调,能够体现负面情感、叛逆形象;绛紫色、洋红色,也同样能流露着性感、禁忌的色彩形象。

图 7-17 "禁忌趣味"的色彩

(6) Attuned Inspiration——调和灵感（图7-18）。直觉是人类具有的一种神秘的、深层次本能，其中蕴涵着无尽的可能性。代表色：白色和浅色调，象征光辉、虚无、轻灵在异度空间相关联，勾画出人类与自然在未来的和谐共生。

图7-18 "调和灵感"的色彩

油漆颜色设计的灵感可以来自生活中各个方面，任何事物都可作为设计师的灵感来源。颜色本身不分好坏，每种颜色都表达着不同的情感，主要是看是否恰当运用不同的颜色和质地来表达不同车的特征，使外饰颜色得以与各个车型的形象更加完美的搭配在一起。

二、内饰色彩

与外饰相比，内饰色彩设计需要更加谨慎进行，内饰颜色更注重视觉和身心的感受，更需要时间的考验和推敲，通常一款内饰颜色会被沿用很多年，太过流行的颜色并不适宜作为内饰颜色。内饰颜色的整体色调大致可分为：黑色、米色、棕色、灰色四大色系，也有一些高级订制的豪华车辆除外，这些车辆的内饰颜色主要是根据购车者的需求生产完成，其颜色更加个性化，这些颜色会通过豪华的内饰材料表现出来。如图7-19所示，内饰颜色按照区域划分主要可分为四大块，顶棚颜色、仪表板颜色、装饰颜色、地毯颜色。

图7-19 内饰颜色的划分

内饰颜色是决定内饰风格的主要因素，通常情况下，内饰中出现的颜色不会多于三种，颜色过多，会使内饰空间显得过于凌乱和狭小，同时也会影响开车人的注意力。每一部分的颜色设计都要考虑其互相关系。下面将按照黑色、米色、棕色、灰色四大色系逐一介绍内饰颜色的设计。

（1）黑色系。黑色内饰是最常见也是最通用的一种色系，适用于几乎所有车型，如同黑色的礼服一样,实用性很强,也永远不会过时。黑色内饰既可以体现车的运动感,也可以传达出车的稳重感,在内饰颜色中是百搭的系列,也是每个车型必不可少的颜色,如图7-20所示。在黑色内饰中,经常搭配一些色彩亮丽的颜色做点缀,使整体风格富有变化,更加生动。另外除单一黑色外,富有颜色变化的黑色也是消费者很喜欢的颜色,比如偏蓝色的黑、偏红色的黑等,这些变化都更丰富了单一的色彩,增加了人们在视觉上的享受。

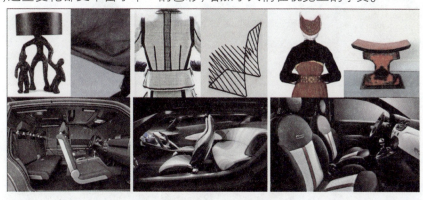

图7-20 稳重的黑色系

（2）米色系。温馨的米色内饰风格给人以舒适家的感觉,亚洲人对此色系甚为偏爱。米色系是简单、含蓄、自然的色调,能给人提供一个开阔的空间和视野,如图7-21所示。在色彩家族中,米色意味近似于灰色,两者的共同之处在于含蓄内敛的气息,不同之处是灰色偏冷,而米色则偏暖。

图7-21 舒适、含蓄的米色系

（3）灰色系。雅致的灰色内饰风格让人有更多的思维空间,并能带来高雅、内敛的情绪感受,它比黑色更有潜在的力量,如图7-22所示。另外灰色还能给人以冷静从容、理性和品质感。

（4）棕色系。棕色内饰颜色是一种可靠、值得信赖的颜色。棕色有很多种渐变和色调,它们中的很大一部分取自于大自然,这种内饰颜色会帮助提升内饰的视觉舒适度,如图7-23所示。

（5）其余内饰颜色。除了以上的几种常见色系以外,其他的个性化色系也常被在内饰中使用,在使用个性化颜色时,根据每种颜色的特征,巧妙合理的运用在内饰中是内饰颜色设计的关键,如图7-24所示。

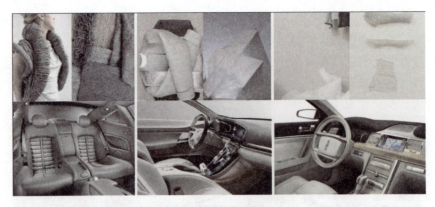

图 7-22　高雅、内敛的灰色系

图 7-23　具有大自然味道的棕色系

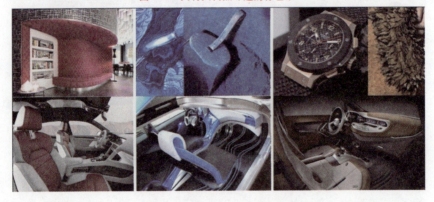

图 7-24　巧妙运用其他内饰颜色

三、Color&Trim 中的汽车座椅包覆材料设计

由于汽车空间的有限和驾驶活动的特殊性，驾驶人员需要长时间保持一种坐姿。为了缓解驾驶人员的疲劳保证驾驶安全，汽车座椅材料的选择就尤为重要。而且从汽车产品的整体出发，汽车座椅材料也扮演着重要角色。这种重要性具体表现在：

①丰富的色彩和材料是人们对内饰的第一印象，促进产生购车的欲望。

②材料的不同花型与图案体现汽车和驾驶者的个性和文化。

③材料的触感体现出汽车内饰舒适度和品质感。

④体现内饰造型的艺术价值,强化审美观,增加美感度。

⑤小产品大作用,可以影响整车销售。

⑥开发成本低,不用模具的投资,以很低的成本可以提升汽车内饰整体效果提高品位和档次。

⑦在整车中的成本摊销比重要加大。

1. 主料、辅料及边料

一个普通的汽车座椅,一般会用到两种或三种织物来包覆,目的是使座椅在搭配上有主次感、不显单调。经常用到的材料分类有:主料,辅料,边料,如图 7-25 所示。

(1) 主料:通常处于座椅的中间位置,是汽车内饰中的聚焦点之一,往往能起到画龙点睛的作用。由于占据中间位置,主料的设计和选用往往是内饰设计里的一个重点,也是 Color&Trim 设计师推敲的难点。另外,主料的设计也会影响整个内饰的风格,需要与整车的设计风格相呼应。

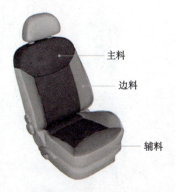

图 7-25　汽车座椅的主料、辅料及边料

(2) 边料:一般在座椅的侧面,与主料搭配起来,共同成为整个座椅,它受座椅造型的影响大。

(3) 辅料:座椅的侧面、靠背部分和头枕部分用到的较多,通常情况下视觉关注度不高。但要求面料的花型精致,简洁,起到衬托作用。

2. 织物面料、真皮和人造革

汽车座椅作为内饰造型设计的亮点,表面材质是一个很重要的、用来体现整车质感的设计元素。不仅要体现出美观舒适,还要对使用人群进行精准定位。一般来说,针对某一个车型,首先需要做一定的市场调研,分析特定的购买使用群体及其喜好,来开展面料的设计工作。

汽车座椅材质包覆通常有两类:一类是织物面料、另一类是真皮和人造革。对于每一款车型来说,通常都会根据配置的不同分为几个档次:基本款、舒适款、豪华款等。对于中国用户来说,真皮的座椅通常定位为高档次,而织物座椅则相对低端,所以通常在基本款和舒适款的车型上会考虑用到织物面料的包覆。

1) 织物面料

像服装面料一样,汽车内饰面料的设计也总是跟随着时尚流行趋势。图形的来源也很多,如建筑、电子产品、服装、自然界的肌理等。灵感无处不在,面料图形的设计需要设计师有洞察细节的能力,抓住事物的主要特征,并恰当的表现在设计中。汽车面料最前沿的流行焦点一般来源于:服装展览、工业纺织、箱包鞋帽、世界服饰品牌新产品的发布等,如图 7-26 所示。在具体设计时要考虑色彩多样、个性体现、内外部色彩结合、色彩性别化、主色调以灰色、深灰为主,以及局部使用鲜明色彩等。

由于是用于大批量的生产,设计也会受一些条件的制约。例如,座椅本身的分区、材料试验硬性要求、经济性等,设计师在提炼图案的同时需要将这些一般因素也考虑进去,如图 7-27 所示。

图案及花纹最终的实现是建立在织物编织的基础上,所以设计师还需要了解面料编织的种类。

图 7-26　图形的来源——服装

(1)机织面料。

机织平布和机织绒布。由相互垂直排列的两个系统的纱线,按一定的规律相互"沉浮交错"(即交织)而成的制品,称为机织物。机织物在商业上又称为梭织物。机织物中,沿长度方向的一个系统的纱线称为"经",与经垂直,沿宽度方向的一个系统的成为"纬",如图7-28所示。

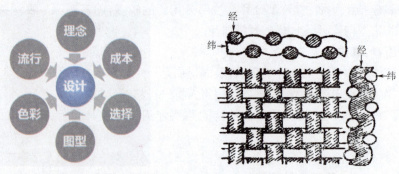

图 7-27　面料设计的考虑因素　　　　　图 7-28　机织示意图

机织多臂:机织物中不同交织规律的经纱数在 20 根以内的,称为机织多臂又称机织平布、机织小提花。这里面料具有设计风格成熟,不易变形、耐磨性佳等优点。欧洲的车型较多地采用这类面料,中高档车会选用植绒纱,给人以豪华、稳重的感觉,如图 7-29 所示。

图 7-29　机织多臂图案

机织提花:一个组织循环的经纱达几千根的,称为机织大提花。一般以一种组织为地步,以另一种或几种组织显出花纹图案,花型设计自由、写意,如图7-30所示。

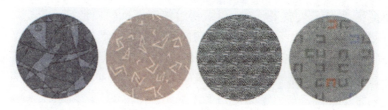

图 7-30　机制提花图案

机织绒布：双剑杆面料其织物表面由经纱形成毛绒，称为经起毛织物。该织物是由两个系统经纱（即地经与毛经），同一个系统纬纱交织而成。其地经分成上下两个部分，分别形成上下两层经纱的梭口，上下两层纬纱对应在同一时间与上下层经纱的梭口进行交织，形成两层地步。两层地步间隔一定距离，毛经位于两层地步中间，与上下两层纬纱同时交织。两层地步间的距离等于两层绒毛高度之和。织成的织物经割绒机械将连接的毛经割断，形成两层独立的经起毛织物，如图 7-31 所示。

双剑杆多臂：按纹板所规定的程序控制综框升降，使经纱按一定规律形成上下织口供载纬器穿行，经纱互相交织形成不同组织的产品。

（2）针织面料。

经编是将一组或几组平行排列的纱线，由经向喂入针织机的所有工作针上，同时进行成圈而形成针织物的一种方法。用这种方法形成的针织物称为经编针织物，它分为单针床织物和双针床织物两大类。纬编是将纱线由纬向喂入针织机的工作针上，使纱线依次地弯曲成圈并相互穿套而形成针织物（图 7-32）。用这种方法形成的织物称为纬编针织物。纬编织物一般具有良好的弹性和延伸性，织物柔软，坚牢耐皱，毛感性较强。它分为两大类产品：纬编双面提花织物、纬编单面织物。

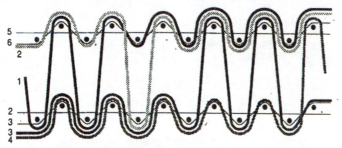

图 7-31　经起毛织物图解图

图 7-32　纬编示意图

纬编绒布提花：绒布的起绒是靠拉绒机钢丝针多次反复作用，在坯布表面上拉起一层纤维而形成，绒毛要求短、密、匀。印花绒布在拉绒之后印花，而提花绒布则在最后拉绒，如图 7-33 所示。

图 7-33　纬编绒布提花

纬编双面提花：纬编双面提花织物，即织物组织由正反两面形成，一般多采用织物的正面提花，如图 7-34 所示。可由不同色纱垫放在按花纹要求所选择的针筒织针上进行编织成圈，在或由不同种纱线垫放在按花纹要求选择的织针上进行不同的组织形成花纹效果。该产品能够体现层次感的变换组织，目前逐步流行表面略有层次、有立体感的细致类产品，纬编双面织物还经常用来做汽车顶篷面料。

图 7-34　纬编纬编双面提花

纬编三功位：纬编三毛高织物在通过沉降片提花的过程中，由其可以控制三层毛高，采用单一原料的表、截面色泽差异的特点，加之毛绒、毛圈、低衬三种形式表现，达到高度不一的立体浮雕效果，给以高雅清新的视觉感受，如图 9-35 所示。尤其在轿车内饰市场上，该产品具有高雅、豪华、简单而不简约的高水准要求。上汽通用的几款车型在 2005 年以前首先选用了这类面料。

图 7-35　纬编三功位

2）真皮和人造革

真皮座椅是动物原皮，通过皮革厂的加工制作而成。通常牛皮、羊皮和猪皮是制作真皮的主要原料。而真皮一般分为头层皮和二层皮两类，如图 7-36 所示。前面也有提到，一个车型通常都有几种配置，对于一个车型的高端配置，通常会用到真皮的座椅风格，来提高内饰的整体档次。而人造革则是模仿真皮。

图 7-36　真皮内饰

3）织物座椅和真皮座椅对比，织物座椅和真皮座椅各具优缺点，表 7-1 对二者的优缺点进行了详细分析。

织物与真皮的优缺点　　　　　　　　　　　　　　表 7-1

材料特性	织物	真皮
取得性	容易获得。但染色过程中有污染。加工简单	前加工过程中,对环境污染大。加工工艺复杂
批量一致性	好	差
色彩	色彩丰富,同一款面料中可变化色彩	颜色单调,一般均为一色
风格	变化多样,甚至迥然不同	单一
裁剪性、缝纫性	好(裁剪过程中损耗少,缝纫性好)	差(裁剪过程中损耗大,缝纫性差)
摩擦系数	大(乘员与座椅结合性好,不易滑动)	小(乘员与座椅结合性差)
柔软度,弹性	好(包覆性能好,座椅不易变形)	差(包覆性能差,时间长后易变形)
易去污性	差(污染后不易清除)	优(污染后易去污)
热传导系数	差(乘员落座时无明显不适感,不易结露)	好(适应时间长,冬冷夏烫,有时会结露)
透气性	好(汗易挥发)	差(汗不易挥发)
老化性能比较	好	差(时间长后会开裂,漆层脱落)
气味性	小(加工工序助剂使用少)	大(化学助剂使用较多)
心里高档感	差	好

四、局部形状的装饰

局部形状的装饰,参与完成整个内部环境的协调设计,即当主调定下来之后,各个局部形状都要围绕主调进行。如图 7-37、图 7-38 所示,装饰技术广泛应用在汽车内饰中各种各样的装饰零件上。

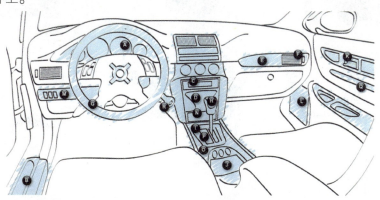

图 7-37　汽车内饰局部装饰

1. 装饰效果的设计

局部装饰的设计要关注流行趋势,将一些新兴的元素应用到新的表面装饰中去,使得汽车的每个细节都能跟上潮流。目前装饰的效果分类有金属效果、桃木装饰效果、碳纤维效果等,分别适用于不同风格的车型。

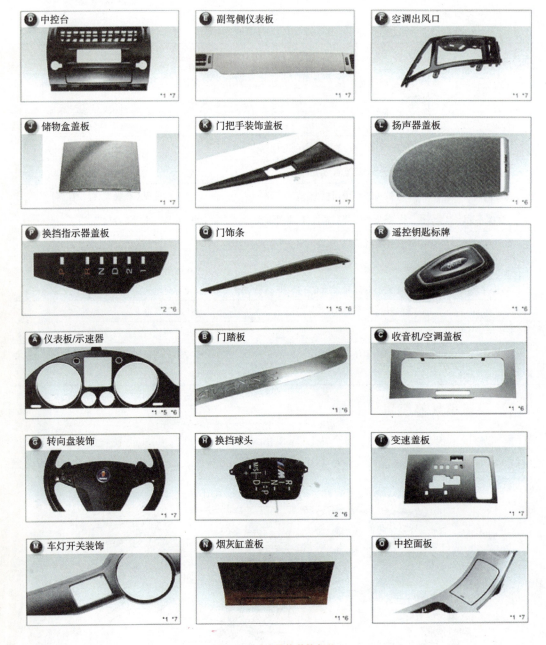

图 7-38 对应具体装饰部位

1) 金属效果

金属效果的特点是：酷感十足，既有一定的古典味道，又有强烈的科技感和未来感。目前的金属内饰主要分为镀铬、金属铝片、钢片冲压等材料，也可以通过特殊工艺，达到仿金属的效果。设计时可将各种金属内饰结合起来灵活运用。迎宾踏板等对抗压性要求高的部位，则可以采用钢板冲压的金属，而扶手箱等次要位置则可用喷涂金属色等，经过这样搭配，既可增强全车的金属感，又使内饰显得现代化，如图 7-39 所示。

第七章　汽车色彩与装饰设计

图 7-39　金属装饰样板和 Audi Q3 的金属质感内饰

2）桃木装饰效果

真桃木装饰，材料取材于特殊树种，真实地还原自然，经过特殊工艺成型。桃木装饰能给人带来一种返璞归真的感觉，使内饰更稳重大气，提升车内的整体奢华感。因为选用真材实料，工艺又相对比较复杂，所以真桃木的选用一般造价会相对比较高，如图 7-40 所示。

图 7-40　桃木装饰样板和 Audi A8L 的桃木质感内饰

3）碳纤维装饰效果

碳纤维是一种新材料，具有优异的力学性能：强度和韧性是钢铁的 9 倍，却有着轻盈的比重，手感如塑料一般。碳纤维材料的这种特性能够帮助整车有效减重，对于汽车的轻量化有极大的帮助。但是碳纤维昂贵的成本，也使得这种材质变成奢华的象征。一般在超级跑车中使用较多，如 Ferrari、Lamborghini、Bugatti、Pagani 等品牌。不计成本的超级跑车为了追求极致的性能，需要将车身的重量降到最低，同时也需要保证必要的车身强度，碳纤维材质完美地满足了这两种看似矛盾的要求，因此碳纤维装饰在超级跑车中通常会很大面积，甚至全车身使用。

正因为是超级跑车的御用材质，碳纤维也成为了高档和运动的象征。在运动型高档轿车或运动型改装车中一般会将部分零件或装饰条设计为碳纤维材质，如图 7-41 所示。

4）搭配装饰效果

在汽车内饰的装饰设计中，除了单种类装饰的使用以外，两种或多种不同材质的搭配使用也是常见的装饰方法。多种材质搭配使用，不仅可以避免单一材质大面积使用时所产生的枯燥感，还可以体现出多种材料的质感，视觉效果更为精致高档，设计也更充实丰富。

图 7-41　碳纤维样板和全车身碳纤维的 Lamborghini Sesto Elemento Concept

搭配装饰时一般以其中一种材质为大面积的主体，另一种材质只作为小面积的配饰，主次分明。由于搭配装饰需要多种材质，工艺也相对复杂，成本较高，如图 7-42 所示。

图 7-42　Audi-Q5 内饰的桃木和金属搭配装饰

2. 局部装饰设计的工艺

1）IMD 膜内转印技术

IMD 就是将已印刷成型好的装饰片材放入注塑模内，然后将树胶注射在成型片材的背面，使树脂与片材接合成一体固化成型的技术。IMD 是在注射成型的同时进行镶件加饰的技术，产品是和装饰承印材覆合成为一体，对立体状的成型品全体可进行加饰印刷，使产品达到装饰性与功能性于一身的效果。图 7-43、图 7-44 分别展示了仿金属效果、仿桃木效果和表面有凹凸的触感 3D 效果。

图 7-43　仿金属效果（左）；仿桃木效果（右）　　　　图 7-44　表面有凹凸的触感 3D 效果

2）热烫印技术

窄细的细节的设计部位，通常有镀铬的亮光或者是亚光效果，当然也可以有图案的设计。热烫印技术是指利用专用的金属烫印版通过加热、加压的方式将烫印箔转移到承印材料表面。热烫印技术的优点主要包括以下几点：

(1)质量好,精度高,烫印图像边缘清晰、锐利;

(2)表面光泽度高,烫印图案明亮、平滑;

(3)烫印箔的选择范围广,如不同颜色的烫印箔,不同光泽效果的烫印箔,以及适用于不同基材的烫印箔;

(4)热烫印工艺还有一个突出优点,就是可以进行立体烫印。汽车内饰热烫印应用如图7-45所示。

图7-45 汽车内饰热烫印应用

3)水转印技术

水转印以特殊化学处理的薄膜,经印上所需的色彩纹路后,平送于水的表面,利用水压的作用,将色彩纹路图案均匀地转印于产品表面,覆膜自动溶解于水,经清洗及烘干后,再上一层透明的保护涂层,这时产品已呈现出一种截然不同的视觉效果。多用于仪表盘、控制盘、纸巾盘、茶杯座、磁带架、观后镜框、操作把手、车锁等。水转印仿桃木效果如图7-46所示。

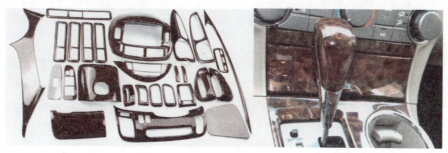

图7-46 水转印仿桃木效果

第八章 汽车造型展示

汽车造型的展示主要包括展板展示、实物模型展示、虚拟展示。展板展示、实物模型展示的具体内容在第五、六章中已介绍,本章主要介绍虚拟展示。

第一节 虚拟现实技术及其应用

虚拟现实即 Virtual Reality,简称 VR。广义的虚拟现实是指在计算机营造的三维虚拟场景下,用户通过相关设备或装置,获得对虚拟场景以及其中物体接近真实的体验,从而使用户能够预知未来的设计并对其进行评价。一般来说,虚拟现实技术主要是以下三种技术的结合:

(1)计算机图形学。通过计算机图形学技术,专业人员可建立虚拟三维模型及场景,并进行渲染得到模拟真实的效果。

(2)传感技术。通过传感技术和交互式附件的应用,可以建立起虚拟场景同用户之间的关联,使用户能够获知场景信息并进行实时反馈。虚拟现实系统的交互式附件主要有数据手套、立体眼镜、空间鼠标、跟踪器、数据衣等。

(3)显示技术。显示装置是虚拟现实系统中最重要、投资最大的部分,主要有计算机屏幕、投影式屏幕、头盔式屏幕等。通过高精度的显示设备,用户可得到清晰逼真的影像,从而对虚拟评价产生积极的作用。

随着计算机软硬件技术的不断发展,虚拟现实技术已经广泛应用于各个行业,如工业产品设计、建筑设计、城市规划、传媒及娱乐领域、军事航天领域等。对于汽车行业来说,虚拟现实技术在设计开发、生产装配、市场及销售等环节中均有广泛应用。在汽车产品设计开发领域,虚拟现实技术的应用主要包括:

(1)汽车造型设计;
(2)表面数据检查及验收;
(3)样车虚拟装配,运动校核;
(4)人机工程分析,CAE 分析,虚拟驾驶及验证。

本章将主要介绍虚拟现实技术在汽车造型设计和表面数据检查及验收领域的应用和操作。

第二节 虚拟现实技术在汽车造型设计中的应用

计算机辅助设计在造型设计领域的应用逐步增多,传统汽车造型在计算机技术的介入下变得更加丰富、灵活,尤其是虚拟现实技术被引入造型流程后,大大提高了设计的准确性和可实现性,虚拟评审也变得日益频繁。利用三维设计软件,数字模型师可以快速将设计草图或效果图转化为三维数字模型,通过进行虚拟展示,设计师在造型工作前期便可快速对设计意图进行检查、评审及细化,从而得到更准确的造型虚拟模型,进而辅助油泥模型制作。在油泥模型冻结并完成表面数据之后,通过虚拟展示评审,可以对表面质量、内外饰零件匹配、结构可行性、设计间隙和灰区等一系列要素进行检查和验收,从而在数据层面对车身开发工作进行验证,并保证后续硬模型样车试制和评价的准确性。此外,通过虚拟现实技术,Color & Trim 设计师可以在三维数据上查看颜色、面料及花纹定义,进行虚拟评价(图8-1)和展示。

图8-1 虚拟现实评价

汽车造型设计中的虚拟现实技术的三个要素:

(1)模型及场景:汽车数字模型通过虚拟展示,可以提早对造型方案进行整体和更细致的评价,并尽早发现问题,缩短开发周期。场景一般通过软件自带的环境或者实拍的环境构成。

(2)传感设备:对于造型设计和数据检查环节,立体眼镜是应用最多的交互性传感设备,通过佩戴三维立体眼镜,可以营造更为真实的空间感。但在造型设计和数据检查环节,立体投影并不是必须的,平面投影在进行造型评价和数据验收时则更加方便、实用。

(3)显示设备:虚拟展示对显示设备要求很高,一般亮度≥20000lm(流明)。分辨率则达到4096pixel(像素)×2160pixel(像素),是高清电视的4倍。

第三节 汽车造型虚拟展示

汽车造型的虚拟展示按照复杂度和用途的不同,可分为简单展示和高级展示两种。

一、简单展示

简单展示多用于日常设计工作中,展示汽车零部件(如车轮、车灯等)或者工作状态中的数据,要求设计者在短时间内完成模型的渲染并进行检查。通常采用 Alias Auto Studio 软件(Visualize 模块)或 Showcase 软件进行虚拟展示,显示设备也可以是普通的 24 寸工作显示器。

本节以某款车轮在 Alias 软件中进行简单展示的工作流程为例进行介绍:

(1)建立数字模型。在 Alias 软件中完成车轮三维数据(图8-2)。

(2)整理数据。如删除构造历史、按不同材质进行分组、统一法线方向等,如图8-3a)所示;同时可根据造型定义,对不同分组进行简单的着色,以显示区别,如图8-3b)所示。

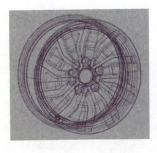 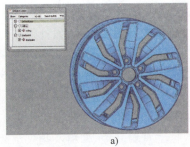 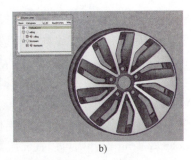

图 8-2 车轮三维数据　　　　　　　　　图 8-3 整理后的车轮三维数据

(3) 计算阴影。为得到更好的显示效果,通常进行"Ambient Occlusion"的计算,软件界面如图 8-4a) 所示。计算完阴影后(图 8-4c),曲面相互间的关系会体现得更加显明,便于提升展示效果以及造型评审。

 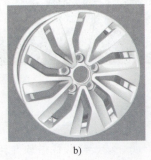 

图 8-4 计算阴影前后的车轮三维数据

(4) 渲染。根据车轮的颜色及加工方式调整材质球并赋予数据,如图 8-5a) 所示;同时还应该添加必要的附件数据,例如螺栓盖和车标,以保证造型检查的准确;背景颜色也是在虚拟展示时需要考虑的内容,一般会调整为黑色。最后的结果如图 8-5b)、c) 所示。

 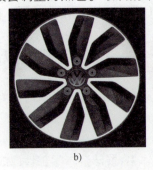 

图 8-5 渲染后的车轮三维数据

需要说明的是,无论是简单展示还是高级展示方式,使用的都是硬件渲染模式,以保证实时检查造型的每个细节以及曲面间的相互关系。如有必要,也可以直接输出图片进行后续工作。

二、高级展示

相比于简单展示,高级展示涉及到更多的工作内容,并且对真实度的要求更高,一般用于整车的内外饰虚拟展示和数据验收、Color & Trim 定义等。高级展示通常使用专业虚拟现实软件(如 RTT 软件等)进行虚拟现实模型的制作。显示设备常常使用虚拟现实投影系统,以达到实车 1:1 的显示效果。

本节以整车为例介绍应用 RTT 软件进行高级展示的工作流程:

(1)数据导入。汽车设计中的三维数据一般分为结构数据(.catpart .prt)、表面数据(wire.iges)以及网格数据(.stl)等,这几种数据均可以在 RTT 软件中直接导入,同时 RTT 软件也能保留该数据中所携带的分组,材质定义等信息,便于后续数据处理工作。若数据量巨大,可以使用批处理工具(DeltaBatch Configurator)一次性转化所有数据。

(2)数据整理。数据整理工作主要包括的内容有:删除不必要的表面、拓扑和细分、统一法线方向、数据分组及数据合并(可选)等。此处以某款车型尾灯的数据处理为例作介绍:

①导入数据。在 RTT 软件中导入尾灯原始 CATIA 结构数据(图 8-6a),如图 8-6b)中软件界面所显示,数据结构树中保留了原始 CATIA 数据中的分组信息,这有利于后续的分组工作。

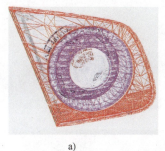

a)　　　　　　　　　　　　　　　　b)

图 8-6　导入尾灯原始 CATIA 结构数据

②删除不必要的表面(主要指不可见的数据)及重复的数据。这有利于降低数据量,提高显示速度,也会避免后续工作中阴影计算时出现问题,图 8-7a)和图 8-7b)分别为车灯数据优化处理前后的状态,由图可知。表面优化后只留下绿色区域,表面数量从 1770 降到 760 个。这部分工作对于进行整车内外饰虚拟展示工作来说是必要的。

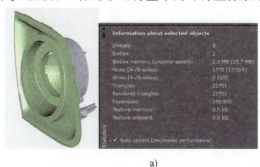
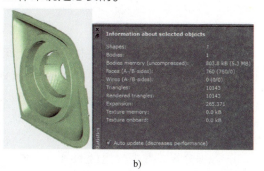

a)　　　　　　　　　　　　　　　　b)

图 8-7　车灯数据优化处理前、后的状态

对于重复表面的筛选,可以通过调节材质透明度来检查。如果存在重复的表面,将会在旋转视图时一直显示重叠区域,如图 8-8a)所示。在删除多余重复的表面之后,显示效果如图 8-8b)所示。

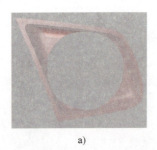
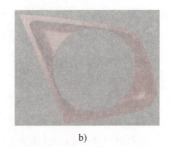

a)　　　　　　　　　　b)

图 8-8　调节透明度检查删减重叠区域

③统一拓扑和细分网格。其目的在于消除各表面间的间隙以及控制表面显示的精度。网格细分程度越高,模型显示越精细,但是,数据量也会同时加大,影响显示速度。因此要在显示精度和显示速度之间取得平衡,如图 8-9 所示,公差(Tolerance)分别为 0.5(a 图)和 0.1(b 图)时,模型显示精度以及三角面数量上的差异。

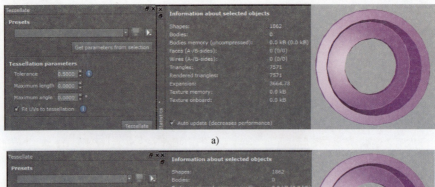

a)

b)

图 8-9　统一拓扑和细分网格

④统一模型法线方向。这对于阴影计算和某些材质来说是非常必要的。具体操作如下:按下 Backspace 键,以颜色显示模型的法线情况;选中粉红色显示的表面,翻转法线方向(按 n 键),直到所有表面显示其原有的颜色为止;再次按下 Backspace 键,取消法线检查,如图 8-10 所示。在法线检查情况下,模型显示将变慢,因此在完成法线统一后,应取消法线检查。

⑤数据分组。数据分组(图 8-11)工作常常伴随着上述工作的进行而同步完成。数据分组的原则应该是文件名称准确,不同零件分别分组,不同材质定义分别分组,可参考整车总成进行分组并逐步细化。不同组的名称尽量保持不同,如果多个零件需要制作统一动画(如开关车门),则应注意保持同时动画的组节点名称一致。

⑥数据合并。在完成上述数据整理工作后,可进行数据合并(Combine),图 8-12 为数据合并后的模型信息。该命令是将细分后的表面进行网格固化,即将数据转化为三角面格式。

数据合并后将删除表面原有的数学信息,模型变为 Mesh 格式,显示速度会明显提升。需要注意的是,该操作是不可逆的,因此在运行该命令时应先进行数据保存备份。

图 8-13 和图 8-14 所示的是数据整理工作完成之后的整车内外饰模型。

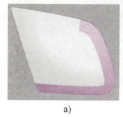
a)

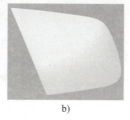
b)

图 8-10　统一法线

图 8-11　数据分组

图 8-12　数据合并后模型信息

图 8-13　数据整理后的外饰模型

图 8-14　数据整理后的内饰模型

(3)材质定义。在数据整理完成之后,便可进行材质定义。RTT 软件自带材质库可提供大部分材质或者材质的基本特性,用户可根据需要进行调整。构建整车内外饰标准材质库是必要的工作,这样对于新车材质定义都可以通过材质库调用来实现,既节省工作时间又可保证各个整车模型显示效果的统一。图 8-15 显示了车身外饰漆的材质和内饰皮革的材质。

图 8-15　车身外饰材质

需要注意的是,在进行材质定义时,要调整模型的 UV 坐标以保证贴图的准确。图 8-16 显示的是座椅椅背两侧犀斗的 UV 坐标调整。

以转向盘区域和车轮为例,如图8-17所示为材质定义之后的效果。

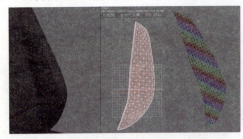

图8-16　调整椅背模型的UV坐标　　　　　　　图8-17　材质定义后效果

(4)制作变量。汽车常常具有不同的配置和颜色,例如车型配置一般分为基本型、舒适型、豪华型;内饰颜色分为黑色,米色等。在进行虚拟展示前,需要针对不同的配置制作变量,以便在展示过程中进行切换和比较。

①变量设置。以车灯为例,若所要制作的车灯分为低配和高配两种,在结构树中创建变量组(Alt + V)并起名为Lamp_Front,然后将两个不同配置的数据放至在该组中,即完成了车灯的变量设置。然后可对该变量定义快捷键,如"L",如图8-18所示。

在动画模型开启之后,按下"L"即可切换查看不同的车灯,如图8-19所示。

图8-18　车灯变量设置

图8-19　车灯变量设置

②材质变化。可以通过创建不同的材质并结合到一个物体上来实现不同材质的变量定义。例如门护板插件的颜色变量(黑色和米色两种),在材质库里看到该颜色已经定义为黑色,选中该材质球,同时按下"Ctrl"键进行拖动,复制一个新的材质,起名为米色(Beige),调节颜色为所需要的米色,如图8-20所示。

完成了不同颜色变量设置后,将快捷键定义为"C",同样在动画模式开启之后可以切换不同的颜色,如图8-21所示。

对于复杂的变量,可以通过将变量组进行打包,或者通过触发的方式来实现,如图8-22所示。

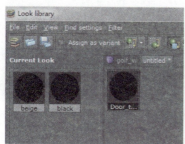

图8-20 材质定义

图8-21 颜色变化效果

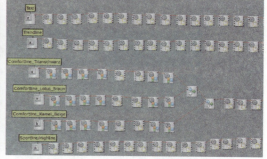

图8-22 变量组打包

(5)制作动画。进行虚拟展示之前,同样需要预先进行动画定义和设置,以便对整车模型进行更细致的评审。这主要包括摄像机动画及车身零部件运动的动画等,一般不涉及整车运动的动画。本节以设置车门开关动画为例进行介绍。

①首先设置左前车门开关动画(图8-23),将所有涉及动作的零件放至同一组,并命名为"ANIM_ Door Front Left"。

图8-23 将左前车门零件分类归组

②打开"Animation editor",新建动画变量。将整个"ANIM_ Door Front Left"组拖入该变量内,以定义将要进行动画的零件,同时定义左前车门打开的角度(图8-24a)以及运行时间(图8-24b),左前车门动画定义完成。其他车门、天窗及后行李箱盖的动画设置如上,展示效果如图8-24c)所示。

(6)计算阴影。展示中如果加入阴影,会使物体之间的相互关系更加清晰,物体本身也会更具立体感。阴影的计算取决于最终展示的需要,如果只是进行数据检查,则可以省略阴影计算;如果还要体现真实效果,则必须进行阴影计算。阴影计算示例如图8-25所示。

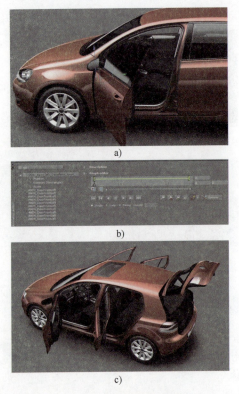

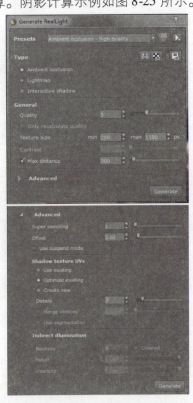

图8-24　新建动画变量　　　　　　　图8-25　阴影计算

通过设置灯光以及相关的参数,即可开始阴影计算。由于所需时间较长,通常在测试阶段采用预览的方式来测试灯光和参数,待效果较好后可进行CPU计算。计算完成后,每个选中的零件都将生成阴影贴图,图8-26、图8-27分别显示了显示、隐藏阴影贴图的状态。

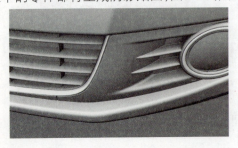

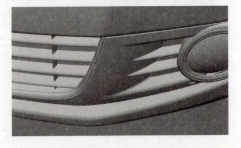

图8-26　计算完阴影并显示贴图　　　　图8-27　未计算阴影或者计算完阴影隐藏阴影贴图

生成完阴影后,可以通过调节阴影强度来达到需要的效果。图8-28分别显示了曝光度为 1 和曝光度为 2 时同一个零件的不同效果。

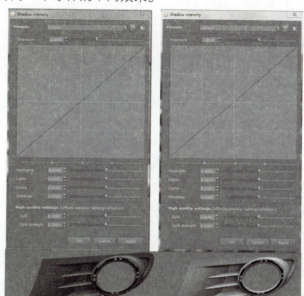

图 8-28　不同曝光度的零件效果

(7) 虚拟展示。完成以上 (1) ~ (6) 工作流程后便可进行虚拟展示。虚拟展示内容包括造型评审、数据检查、功能评价等。例如在 RTT 软件中，可利用 Analyzer 模块进行断面查看 (图 8-29a)，距离测量 (图 8-29b)，高光检查 (图 8-29c)；还可以添加必要场景，使虚拟展示更加真实 (图 8-29d、e)。

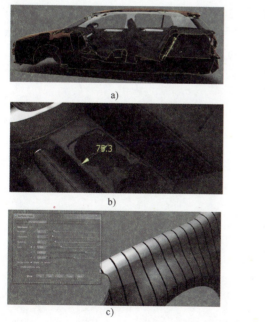

图 8-29　虚拟展示

参 考 文 献

[1] 李卓森. 现代汽车造型[M]. 北京:人民交通出版社,2005.
[2] 王惠军. 汽车造型设计[M]. 北京:国防工业出版社,2009.
[3] 严扬,刘志国,高华云. 汽车造型设计概论[M]. 北京:清华大学出版社,2005.
[4] 黄金陵. 汽车车身设计[M]. 北京:机械工业出版社,2007.
[5] 陈家瑞. 汽车构造(上、下)[M]. 北京:机械工业出版社,2008.
[6] 王望予. 汽车设计[M]. 北京:机械工业出版社,2002.
[7] 唐杰,杨沿平,钟志华. 概念汽车开发[M]. 北京:机械工业出版社,2009.
[8] 彭妮·斯帕克. 设计百年:20世纪汽车设计的先驱[M]. 北京:中国建筑工业出版社,2005.
[9] 傅立敏. 汽车空气动力学[M]. 北京:机械工业出版社,2006.
[10] Daniel Sorensen. Optimizing the Automotive Development Process[M]. The Automotive Development Process,2007.
[11] (英)朱利安哈皮安—史密斯,译者:张金柱. 现代汽车设计概论[M]. 北京:化学工业出版社,2006.
[12] 付黎明. 工业产品造型设计研究[M]. 长春:吉林人民出版社,2002.
[13] 陈震邦. 工业产品造型设计[M]. 北京:机械工业出版社,2008.
[14] 杨霖. 产品设计开发计划[M] 北京:清华大学出版社,2005.
[15] 兰巍. 现代汽车开发流程[J]. 汽车制造业,2007(13):63-64.
[16] 兰巍,付黎明,司亦凡,等. 基于价值工程的客车车身断面曲线造型设计[J]. 吉林大学学报(工学版),EI检索 ISSN 16715497,2009(增刊1):88-91.
[17] 付璐. 汽车车身造型设计美学研究[D]. 长春:吉林大学汽车工程学院,2009.
[18] 百度图片 http://image.baidu.com/
[19] http://www.netcarshow.com/